Gero Tacke

Mit Hilfe der Eltern:

Flüssig lesen lernen

Übungen, Spiele
und
eine spannende Geschichte

Ein Leseprogramm für die Klasse 2 und 3 der Grundschule

Zeichnungen: Gabriele Kreidel

Auer Verlag GmbH

Gedruckt auf umweltbewusst gefertigtem, chlorfrei gebleichtem
und alterungsbeständigem Papier.

3. Auflage. 2005

Gesamtherstellung: Ludwig Auer GmbH, Donauwörth
ISBN 3-403-0**2610**-8

Inhalt

Zur Arbeit mit diesem Programm

Das vorliegende Heft eignet sich für den Zeitraum von Mitte Klasse 2 bis Ende Klasse 3.
Der Schüler wird von seiner Mutter, seinem Vater oder einem anderen Erwachsenen angeleitet. Auch ein älterer Schüler kann die Betreuung übernehmen.
Wie im Einzelnen vorzugehen ist, wird genau erläutert. Klein gedruckte Texte dienen zur Information desjenigen, der mit dem Schüler arbeitet. Darüber hinaus ist jeder Übung eine Erklärung vorangestellt. Sie wird dem Schüler vorgelesen oder dem Sinn nach dargelegt.
Die Übungen sollten so durchgeführt werden, wie es im Programm vorgesehen ist. Abweichungen stellen den Erfolg infrage.
Wie lange jeweils geübt wird, kann von Fall zu Fall entschieden werden. Im Schnitt sind etwa 10 Minuten pro Tag empfehlenswert.
Sollte das vorliegende Programm für einen Schüler zu schwer sein, so kann man auf das Heft für die Klassenstufen 1/2 zurückgreifen, ist es zu leicht, empfiehlt sich ein Einsatz des Hefts für die Klassen 4/5.
Am Ende des Hefts finden sich Hinweise, wie es nach der Bearbeitung des Programms weitergehen kann.

Leseprogramm

Lesen Sie nun vor.

Du sollst nun lernen und üben, wie man Wörter in Silben teilt.

1 Wir lesen die Sätze gemeinsam vor. Dabei wechseln wir uns immer ab. Ich lese zuerst die erste Silbe vor. Anschließend liest du die zweite Silbe. Dann fahre ich mit der nächsten Silbe fort usw. Um jede Silbe ist ein Kästchen gezeichnet.

Bei einem Lesefehler lassen Sie den Schüler die betreffende Silbe wiederholen. Liest er auch dann noch nicht richtig, so lesen Sie ihm die Silbe vor und er wiederholt sie.

Die Wörter in dieser und den folgenden Übungen werden nur einmal gelesen. Es wird also nicht wiederholt. Denn bei wiederholtem Lesen versuchen viele Schüler sich den Text zu merken und ihn dann lediglich aus dem Gedächtnis wiederzugeben.

Hin ter ei ner Mau er

hör te Pe ter

sei nen Bru der ru fen.

„Hil fe, Hil fe“,

brüll te Wer ner.

We nig spä ter

wuss te Pe ter,

wes halb Wer ner brüll te.

Un ter sei nem Mant tel

summ te ei ne Bie ne.

Beachten Sie bitte Folgendes: Es tut dem Schüler sehr gut, wenn er häufig eine Rückmeldung darüber bekommt, was er schon richtig gemacht hat. So kann man nach einem richtig gelesenen Wort z. B. sagen „gut“, „richtig“ oder „ja“. Bei schwierigen Wörtern sollte man auch schon nach einzelnen richtig gelesenen Silben eine Rückmeldung geben.

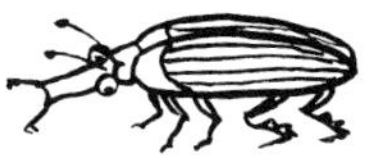

2 Wir lesen wieder abwechselnd vor. Zwischen den Silben ist eine Lücke gelassen. In dieser Übung kommen auch Wörter vor, die nur aus einer Silbe bestehen. Solche Wörter lesen wir natürlich ohne Pause als eine Silbe. Ich fange mit dem Vorlesen an.

Heu te hat Die ter

kei ne Zeit.

Er muss

sei nem Va ter

im Gar ten hel fen.

Die bei den ha ben

viel zu tun.

Sie gra ben fast

den gan zen Gar ten um.

3 Ich lese einen Satz vor und du wiederholst ihn in Silben. Achte darauf, dass du nach jeder Silbe eine deutliche Pause machst.

Zuerst ein Beispiel: Ich lese vor: „Die Hemden sind eingelaufen.“

Du wiederholst: „Die Hem - den sind ein - ge - lau - fen.“

Der Schüler kann die Silben auch klatschen oder klopfen. Es kann auch hilfreich sein, mit einem Arm in der Luft zu schwingen oder das Silbensprechen auf eine andere Weise körperlich zu begleiten und zu unterstützen.

*Bei dieser Übung schaut der Schüler **nicht** ins Heft.*

Morgen ist Freitag. Die Kinder freuen sich auf diesen Tag. Denn freitags geht ihre Tante mit ihnen einkaufen. Das macht den Kindern großen Spaß.

4 Nun wird wieder gelesen. Diesmal liest du allein. Nach jeder Silbe machst du eine deutliche Pause. Damit du siehst, wie es geht, lese ich dir einen Beispielsatz vor.

Zeigen Sie – während Sie lesen – mit dem Finger auf die Wörter bzw. Silben.

Beispielsatz: Er sag te et was zu sei nem Leh rer

Achten Sie darauf, dass der Schüler nach jeder Silbe eine deutliche Pause macht. Bei einem Lesefehler lassen Sie ihn das betreffende Wort wiederholen. Liest er auch dann noch nicht richtig, so lesen Sie ihm das Wort in Silben vor und er wiederholt es, natürlich ebenfalls in Silben.

Wenn der Schüler ein Wort nicht richtig liest, kann es auch hilfreich sein, wenn Sie mit Ihrem Finger das Wort so zudecken, dass nur die Silbe zu sehen ist, die gelesen werden soll.

Hel ga möch te et was
an die Ta fel ma len.
Sie holt sich
ein Stück Krei de
und zeich net
ein Haus
mit ei nem Gar ten.
In so ei nem Haus
wür de Hel ga
ger ne woh nen.

Es gibt zwei Arten von Buchstaben: Selbstlaute und Mitlaute. Die Selbstlaute heißen:

a e i o u

Alle anderen Buchstaben sind Mitlaute.

5 Lerne die Selbstlaute auswendig!

Warum der Schüler die Selbstlaute auswendig lernen soll, wird später deutlich werden.

6 Dieses Spiel geht so ähnlich wie Mensch-ärgere-dich-nicht.

Man spielt es auf der letzten Seite dieses Hefts. Zu diesem Zweck wird die Seite aus dem Heft herausgetrennt.

Jeder Spieler bekommt einen Spielstein. Beim Start darf dreimal gewürfelt werden. Wer eine 6 gewürfelt hat, darf anfangen. Kommt ein Spieler auf das Feld eines anderen Spielers, so wirft er ihn raus. Wenn jemand im Spiel eine 6 gewürfelt hat, darf er noch einmal würfeln. Wenn ein Spieler auf eines der schwarz umrandeten Felder kommt, so ist das Spiel unentschieden ausgegangen und es wird nicht mehr weitergespielt. Hat ein Spieler das Ziel erreicht, so hat er gewonnen.

Und nun Achtung! Die meisten Felder sind durch Zahlen gekennzeichnet. Jede Zahl bezieht sich auf ein Wort und zwar auf das Wort, das auf dieser Seite unten im Kasten neben der Zahl steht. Wenn ein Spieler auf ein Feld mit einer Zahl kommt, so sagt er die Zahl und liest dann das betreffende Wort in Silben vor.

Beispiel: Kommt man auf Feld 3, so liest man vor: „Mü - de."
Und kommt man auf Feld 7, so liest man: „Teu - er."

Spielen Sie dieses und auch die folgenden Spiele mit dem Schüler so, wie es in der Anleitung steht. Wenn Sie selbst auf ein Zahlenfeld kommen, lesen ***auch Sie*** *in Silben vor. Das Spiel ist absichtlich so konstruiert, dass es nicht sehr lange dauert, sodass Sie mit dem Programm bald fortfahren können. Spielen Sie das Spiel immer nur einmal, d. h. bis es unentschieden ausgeht oder einer gewinnt.*

Es gibt Kinder, die bei Spielen nicht verlieren können und deswegen keinen Spaß daran haben. Weil das Spiel hauptsächlich dazu da ist, die Motivation des Schülers anzuregen, ist es günstiger, bei solchen Schülern die Spiele auszulassen und stattdessen eine kurze Pause von 2 bis 3 Minuten einzulegen. In dieser Pause können Sie mit dem Schüler etwas spielen, was ihm Freude macht, z. B. gemeinsam ein Puzzle legen.

1. sa gen	8. Sei fe	15. ger ne	22. hel fen
2. zäh len	9. mei nen	16. fah ren	23. Kä se
3. mü de	10. tan zen	17. Man tel	24. Me ter
4. Kin der	11. lau fen	18. Ei mer	25. Fe der
5. zie len	12. Ha ken	19. Ha se	26. Ga bel
6. Wol ke	13. Tau be	20. kau fen	27. Na me
7. teu er	14. Pau se	21. ge nau	28. saf tig

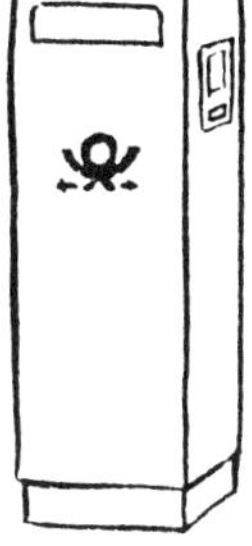

7 Sage die Selbstlaute auswendig auf!

8 Bisher sind beim Vorlesen nur Wörter mit zwei Silben vorgekommen. Ab jetzt kommen auch Wörter mit mehr als zwei Silben vor. Wir lesen wieder abwechselnd. Ich fange an.

Sa bi ne geht

heu te ein kau fen.

Nach dem sie

To ma ten, Gur ken

und Ba na nen

in ih ren Korb

ge legt hat,

holt sie

sich noch

ei ne Ta fel Scho ko la de.

9 Sage die Selbstlaute noch einmal auswendig auf!

Wenn der Schüler die Selbstlaute schon gut beherrscht, können Sie diese Übung auslassen.

10 Ich lese Sätze vor und du wiederholst sie in Silben.

Bei dieser Übung schaut der Schüler ***nicht*** *ins Heft.*

Achten Sie insbesondere auf die richtige Trennung der Wörter mit „ch". Solche Wörter werden oft fälschlich „ch - ch" getrennt (z. B. lach - chen). Sagen Sie in solchen Fällen, dass in dem Wort nur ein „ch" vorkommt. Oft trennen die Schüler auch hinter statt vor dem „ch" (z. B. lach - en). Achten Sie bitte darauf, dass Sie auch solche Fehler verbessern.

Tante Klara arbeitet in der Küche. Peter und Sabine helfen ihr beim Kochen. Peter wäscht Pilze und Sabine schneidet Gurken. Die beiden machen ihre Sache gut. Doch nach einer Stunde werden sie müde. Leise schleichen sie sich weg.

11 Sage die Selbstlaute noch einmal auswendig auf!

Wenn der Schüler die Selbstlaute schon gut beherrscht, können Sie diese Übung wieder auslassen.

12 Lies die Sätze vor! Ab jetzt sind bei den Silben keine Lücken mehr gelassen. Du liest aber trotzdem weiter in Silben vor. Die Wörter, die zusammengehören, stehen immer in einer Zeile.

Manche Kinder neigen gelegentlich dazu, die Pause zwischen den Silben nicht deutlich genug zu machen. Achten Sie deswegen bei allen Übungen auf deutlich hörbare Pausen.

Mein Bruder

und ich

besuchen gerne

Tante Erna.

Ihr Kuchen

schmeckt so gut.

Sie hat auch

viel Zeit

für uns.

Oft spielen

wir Karten

oder Tante Erna

liest uns

etwas vor.

13 Sage die Selbstlaute noch einmal auswendig auf!

Wenn der Schüler die Selbstlaute schon gut beherrscht, können Sie diese Übung wieder auslassen.

Du hast gelernt: Man kann Wörter in Silben teilen, z. B.

sa	gen

Auch die Silben kann man noch einmal unterteilen. Das wollen wir an Wörtern üben, die aus nur einer Silbe bestehen. Lies das folgende Wort vor!

Gras

Solche Wörter kann man in drei Teile zerlegen und zwar in

1. Buchstaben, die vor dem Selbstlaut stehen,
2. den Selbstlaut,
3. Buchstaben, die hinter dem Selbstlaut stehen.

Gr	a	s

14 Zeichne senkrechte Striche in die Kästchen ein, und zwar so, dass die Buchstaben vor und hinter dem Selbstlaut abgetrennt werden! Wenn du bei einem Wort die Striche eingezeichnet hast, liest du es vor. Dabei machst du aber **keine** Pause.

Beispiel:

B	a	n k

Brot	Tal	Salz
mit	Stern	klar
Kind	Pult	frisch
krank	Mut	Sand
Wald	Flug	groß

15 Nun kommt ein Ratespiel. Ich lese von einem Wort die Buchstaben **vor** dem Selbstlaut vor und du musst das Wort suchen. Wenn du es gefunden hast, liest du es vor. Dabei machst du **keine** Pause.

Sagen Sie nacheinander folgende Anfangsbuchstaben: kl, st, gr, p (Beachten Sie, dass der Buchstabe „p" vor dem Selbstlaut etwas anderes ist, als wenn „pl" vor dem Selbstlaut steht.), zw, k pl, sch, kr, t, kn, g. Wenn Sie die Buchstaben benennen, sprechen Sie lautierend, also beispielsweise „kl" und ***nicht*** *„ka, el".*

Sch	a	f	P	a	rk	Gr	u	nd
kl	u	g	T	u	rm	Kn	o	pf
St	i	ft	zw	a	r	Pl	a	n
K	o	rb	g	e	lb	Kr	a	n

16 Lies die Sätze in Silben vor!

Vor einer Woche
waren wir
in einem Zoo.
Bei den Löwen
sind wir fast
eine halbe Stunde geblieben.
Die wilden Tiere
liefen in ihrem Käfig
hin und her
und brüllten laut.

17 Nun kommt wieder das Würfelspiel auf der letzten Seite.

1. wenig	8. wegtragen	15. leben	22. glauben
2. zeigen	9. ablegen	16. erwarten	23. heute
3. verkaufen	10. Vogel	17. mögen	24. aufgeben
4. auflösen	11. müde	18. Leute	25. erklären
5. Tante	12. erfinden	19. Reise	26. Farbe
6. merken	13. Lampe	20. meinen	27. halten
7. glänzen	14. Birne	21. einkaufen	28. Ausgang

18 Jetzt kommt wieder ein Ratespiel. Diesmal lese ich von einem Wort die Buchstaben **hinter** dem Selbstlaut vor. Du musst das Wort wieder suchen. Wenn du es gefunden hast, liest du es vor, ohne eine Pause zu machen.

Sagen Sie nacheinander folgende Buchstaben: ft, st, r, ch, rd, t, lz, nd, rk. Wenn Sie die Buchstaben benennen, sprechen Sie wieder lautierend, also beispielsweise „ft“ und ***nicht*** *„ef, te“.*

Pf	e	rd
st	o	lz
L	u	ft

fl	a	ch
N	o	t
M	a	rk

M	u	nd
kl	a	r
R	o	st

Du hast gelernt: Die Selbstlaute heißen:

a	e	i	o	u

Auch die Buchstaben

ä	ö	ü

sind Selbstlaute.

19 Lerne die Selbstlaute auswendig und zwar in der Reihenfolge, wie sie oben stehen!

20 Ich lese Sätze vor und du wiederholst sie in Silben.

Achten Sie besonders auf die richtige Trennung der Wörter mit „sch". Bei solchen Wörtern werden oft ähnliche Fehler gemacht wie bei Wörtern mit „ch".

Werner soll zwei Tische reinigen. Er holt einen Schwamm, um sie abzuwischen. Doch da stößt er einen Becher um. Auch eine Flasche fällt auf den Boden. Sabine kichert. Aber Werner findet es nicht komisch. Jetzt muss er auch noch den Boden aufwischen.

21 Sage die Selbstlaute noch einmal auswendig auf!

22 Trenne die Buchstaben vor dem Selbstlaut und die Buchstaben nach dem Selbstlaut durch senkrechte Striche ab! Wenn du bei einem Wort die Striche eingezeichnet hast, liest du es vor, ohne eine Pause zu machen. Manche Wörter haben auch zwei Selbstlaute hintereinander (z. B. au, ei, eu). Solche Selbstlaute werden zusammen abgetrennt, so wie es im folgenden Beispiel dargestellt ist.

Beispiel: b r | a u | n

k a u m	g r ü n	f e i n	K r e i s
Z a h l	b r e i t	B l i t z	L a m m
K l e i d	H a l s	s p ä t	B e i n
B ä r	M a u s	S t e r n	T u c h

Manche Silben bestehen nur aus einem Buchstaben.

Lies die Beispielwörter vor!

a - ber

U - fer

23 Lies die Sätze in Silben vor!

Heute Abend
besuchen wir Opa.
Er wohnt
am Ufer
eines kleinen Baches.
Seine Wohnung
ist oben unter dem Dach.
Von dort aus
hat man einen Blick
über die Dächer
der anderen Häuser.

24 Sage die Selbstlaute noch einmal auswendig auf!

Bei manchen Wörtern stehen vor dem Selbstlaut besonders viele Buchstaben. Lies das Beispiel vor.

Str	o	m

25 Jetzt heißt es aufgepasst. Lies die Sätze in Silben vor! Wenn in einem Wort vor einem Selbstlaut die Buchstaben „pfl“ stehen, so machst du unten im Kästchen einen Strich. Insgesamt müssen sich 5 Striche ergeben.

In unserem Garten

gibt es

viele Pflanzen.

Tante Erna

pflegt die Tomaten.

Onkel Hans

pflückt heute

die Pflaumen.

Meine Pflicht

ist es,

Onkel Hans

zu helfen.

	= 5

26 An dem Baum hängen lauter Silbenäpfel. Wenn man die Silben richtig zusammensetzt, ergeben sich Wörter. Versuche, die Silben zu Wörtern zusammenzufügen! Wenn du ein Wort gefunden hast, streichst du in den Äpfeln die Silben des Wortes durch. Es darf kein Silbenapfel übrig bleiben.

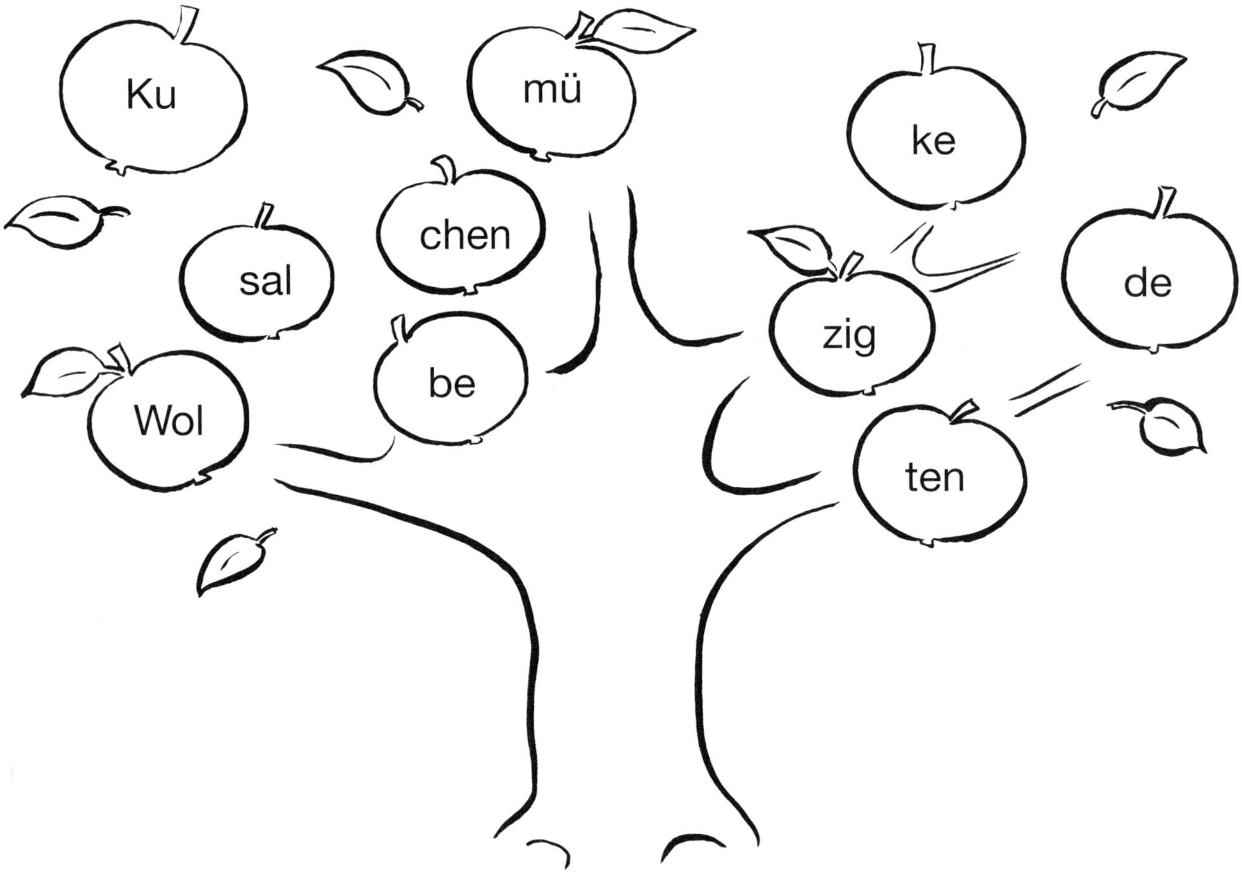

Du hast gelernt: Wörter, die nur aus einer Silbe bestehen, kann man unterteilen in

1. Buchstaben, die vor dem Selbstlaut stehen,
2. den Selbstlaut,
3. Buchstaben, die hinter dem Selbstlaut stehen.

Beispiel:

Gr	a	s

Es gibt auch Wörter, bei denen vor dem Selbstlaut gar kein Buchstabe steht. Lies vor!

a	lt

e	ng

27 Trenne bei jedem Wort die Buchstaben vor und hinter dem Selbstlaut ab! Bei manchen Wörtern steht vor dem Selbstlaut kein Buchstabe. Bei solchen Wörtern zeichnest du nur einen Strich ein. Wenn du bei einem Wort die Striche eingezeichnet hast, liest du es vor, ohne eine Pause zu machen.

Beispiel: A | r m

o f t	Ö l	B e i n	M e h l
A s t	L a n d	K r e i s	i c h
M a n n	B a u m	F l u g	Z i e l
f a u l	O r t	G l a n z	u n d

28 Lies die Sätze in Silben vor!

Ab jetzt kommen auch Wörter mit verdoppelten Mitlauten vor (z. B. schwimmen, gewinnen). Achten Sie auch bei solchen Wörtern darauf, dass der Schüler eine deutliche Silbenpause macht und die beiden gleichen Mitlaute ganz deutlich ausspricht (z. B. schwim-men).

Jeden Abend
müssen wir
unsere Fische füttern.
Kaum haben wir
das Futter
ins Wasser geschüttet,
da werden
die Fische munter.
Alle versuchen
so viel Futter
wie möglich
zu erwischen.

Du hast gelernt: Bei manchen Wörtern steht **vor** dem Selbstlaut kein Mitlaut.

Es gibt auch Wörter, bei denen steht **hinter** dem Selbstlaut kein Buchstabe. Lies vor!

s	o
bl	au

29 Trenne bei jedem Wort die Buchstaben vor und hinter dem Selbstlaut ab! Bei manchen Wörtern steht hinter dem Selbstlaut kein Buchstabe. Bei solchen Wörtern zeichnest du nur einen Strich ein. Wenn du bei einem Wort die Striche eingezeichnet hast, liest du es vor, ohne eine Pause zu machen.

Beispiel: g r | a u

f r e i	S t u r m	n e u	Z a h l
v o r n	K n o p f	N e s t	b e i
B a u	w i l d	S t r o h	S a c k
w e i c h	w o	F o r m	t r e u

30 Ich lese Sätze vor und du wiederholst sie in Silben.

Werner und Michael wachen schon früh auf. Draußen hören sie Krach und Lärm. Nebenan wird ein neues Haus gebaut. Drei Arbeiter reißen gerade einige Büsche aus dem Boden. Zwei andere bauen einen Kran auf. Dabei sind sie schrecklich laut. Werner meint: „Die brauchen doch nicht so einen Krach zu machen."

31 In dieser Übung kommen nur Wörter mit einer Silbe vor. Trenne bei allen Wörtern die Buchstaben vor und hinter dem Selbstlaut durch senkrechte Striche ab! Wenn du bei einem Wort die Striche eingezeichnet hast, liest du es vor, ohne eine Pause zu machen.

Mein	Freund
heißt	Klaus.
Er	ist
nicht	ganz
so	groß
wie	ich.
Sein	Kopf
ist	rund

und	sein	Haar

ist	schwarz.

32 Jetzt kommt ein Silbenrätsel. Versuche aus den Silben Wörter zu bilden! Dabei gehst du so vor: Du suchst Silben, die zusammen ein Wort ergeben. Wenn du ein Wort gefunden hast, liest du es in Silben vor. Dabei streichst du die Silben, die du gerade vorliest, mit einem Bleistift aus. Wenn du alles richtig machst, bleibt keine Silbe übrig. Bei dem Wort „kei - ner“ sind die Silben schon durchgestrichen.

Wenn der Schüler nicht weiterkommt, helfen Sie ihm, oder geben Sie ihm einen Tipp, z. B. dass die erste Silbe eines Wortes oft mit einem großen Buchstaben anfängt.

Brun ~~kei~~ Leh ~~ner~~ nen nung rer tel Woh Zet

Du hast gelernt: Bei manchen Wörtern stehen vor dem Selbstlaut besonders viele Buchstaben. Lies vor!

S t r	o	m

Es gibt auch Wörter, bei denen stehen hinter dem Selbstlaut besonders viele Buchstaben. Lies vor!

st	u	m p f

33 Trenne bei jedem Wort die Buchstaben vor und hinter dem Selbstlaut ab! Wenn du bei einem Wort die Striche eingezeichnet hast, liest du es vor, ohne eine Pause zu machen.

W u n s c h	j e t z t	K u n s t
s o n s t	S t r u m p f	l e i c h t
H e r b s t	F u r c h t	W u r s t
N a c h t	s t u m p f	d u r c h

34 Lies die Sätze in Silben vor!

Wenn die Sonne scheint,
wollen wir morgen
einen Ausflug machen.
Wir wissen aber
noch nicht wohin.
Meine Eltern
würden gerne wandern.
Ich möchte lieber
an einen See fahren,
um ein wenig
zu schwimmen.

35 Nun kommt wieder das Würfelspiel auf der letzten Seite.

1. lösen	8. aufheben	15. Feuer	22. einladen
2. Nadel	9. verwandeln	16. bewundern	23. Mantel
3. einkaufen	10. zaubern	17. halten	24. Lehrer
4. schießen	11. abgeben	18. Gefahr	25. Möbel
5. Sahne	12. Blume	19. dadurch	26. Felsen
6. tauchen	13. Eisen	20. Karte	27. lesen
7. Verein	14. Birne	21. jemand	28. nehmen

36 Ich lese Sätze vor und du wiederholst sie in Silben.

Thomas blutet aus der Nase. Er ist über die Straße gelaufen. Dabei ist er gestürzt. Wahrscheinlich ist er über einen Stein gestolpert. Thomas hält sich ein Taschentuch vor die Nase. Allmählich hört es auf zu bluten.

Du hast gelernt: Man kann Wörter unterteilen in einen Selbstlaut, die Buchstaben, die vor dem Selbstlaut und die Buchstaben, die hinter dem Selbstlaut stehen. Bisher haben wir nur Wörter, die aus einer Silbe bestehen auf diese Weise unterteilt. Es geht aber auch mit Wörtern, die aus mehreren Silben bestehen. Lies die Beispiele vor! Zwischen den Silben machst du wie immer eine Pause.

tr | i | n k | e | n

Bl | u m | e

37 Lies die Wörter zeilenweise vor! Wie immer machst du zwischen den Silben eine Pause.

Br | u d | e | r schm | e | l z | e | n

z | ie | m l | i | ch A | m s | e | l

E | r l | au | b n | i | s B | e tr | u | g

E | rb s | e Kr | a | nk h | ei | t

B | e h | a | nd l | u | ng

fl | ü | ch t | e | n n | i | r g | e | nds

G | e f | a | hr f | u | rcht b | a | r

38 Dieses Rätsel geht so: Unten ist eine Wohnung abgebildet. Außerdem sind einige Wörter aufgeführt. Lies sie in Silben vor! Und nun Achtung! Es kommen vier Wörter vor, die dort nicht hingehören. Diese Wörter kreuzt du an.

Dazu ein Beispiel: Das Wort „Ampel“ ist angekreuzt. Denn eine Ampel gehört nicht in eine Wohnung. Das Wort „Küche“ ist nicht angekreuzt, weil eine Küche ja zu einer Wohnung passt.

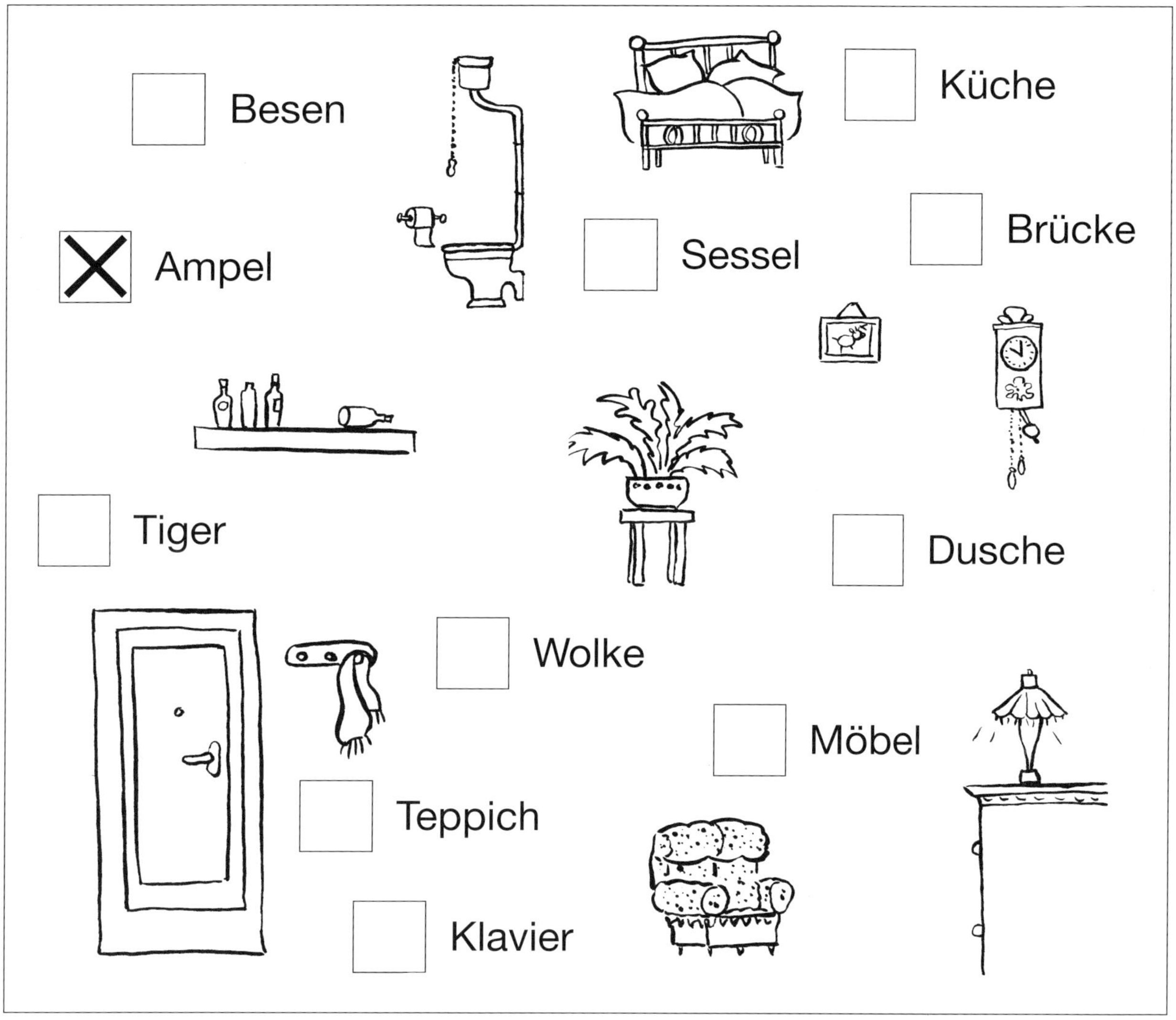

39 Lies in Silben vor!

Bernd soll

für seinen Vater

Briefmarken holen.

Schnell läuft Bernd

zur Post.

Doch da

merkt er plötzlich,

dass er

sein Geld

vergessen hat.

40 Trenne bei jeder Silbe die Buchstaben vor und hinter dem Selbstlaut durch senkrechte Striche ab! Wenn du bei einer Silbe die Striche eingezeichnet hast, liest du sie vor.

H e u	t e	N a c h	m i t	t a g

b e	k o m	m e n	w i r

e i	n e n	n e u	e n	S c h r a n k .

Z w e i	M ä n	n e r

t r a	g e n	i h n

v o r	s i c h	t i g

d u r c h	d a s

e n	g e	T r e p	p e n	h a u s .

41 Ich lese Sätze vor und du wiederholst sie in Silben.

Wörter mit „ng", wie z. B. „singen", trennt man „sin - gen". Das „n" in „sin" spricht man dabei wie das „ng" in dem Wort „Ring". Die zweite Silbe in „sin - gen" spricht man wie das „gen" in „Regen".

Herr Schulz ist ein junger Mann. Von Beruf ist er Schuster. Gerade will er anfangen zu arbeiten. In einer riesigen, alten Kiste sucht er zwischen all seinem Werkzeug nach einer Zange. Aber sie scheint verschwunden zu sein.

42 Lies in Silben vor, zeichne Kästchen um die Silben und trenne die Buchstaben vor und hinter den Selbstlauten durch senkrechte Striche ab! Gehe bei jedem Wort in folgender Reihenfolge vor: Zuerst liest du die erste Silbe vor, dann zeichnest du ein Kästchen um die Silbe. Danach trennst du den Selbstlaut ab. Anschließend liest du die nächste Silbe vor usw.

Beispiel: | K | ei | | n | e | r | | l | a | ch | | t | e. |

H o l g e r   i s t

s c h o n   l a n g e   k r a n k.

E r   h a t

d i e   G r i p p e.

D a s   S p r e c h e n

f ä l l t   i h m   s c h w e r.

D e n n   s e i n   H a l s

t u t   i h m   w e h.

H o l g e r   t r i n k t

i m m e r   n u r   T e e.

43 Achtung Geheimschrift! Der folgende Satz ist in einer Geheimschrift geschrieben.

Wr hbn ds Gld m Wld vrlrn.

Versuche die Geheimschrift zu entziffern, und zwar folgendermaßen: Setze unten in die Kästchen die fehlenden Buchstaben ein! Hier noch eine kleine Hilfe: Es können nur Selbstlaute sein.

W		r		h		b		n

d		s		G		ld

	m		W		ld		v		r	l		r		n.

44 Lies die Sätze in Silben vor! Bisher standen die Wörter, die zusammengehören, immer in einer Zeile. Ab jetzt ist das anders: Wörter, die zusammengehören, werden von den anderen Wörtern durch ein kleines Zeichen abgetrennt.

Zwei Jungen ✧ spielen Fußball. ✧ Es sind ✧ Dieter und Werner. ✧ Dieter steht ✧ im Tor ✧ und versucht ✧ die Bälle ✧ zu halten. ✧ Jetzt hat Werner ✧ neben das Tor geschossen. ✧ Der Ball rollt ✧ in ein Gebüsch. ✧ Schnell läuft Werner ✧ hinter dem Ball her. ✧ „Schau mal!“, ✧ ruft er ✧ seinem Freund zu. ✧ „Dort ist ✧ ein Nest ✧ mit einem Vogel.“ ✧ Doch da fliegt ✧ der Vogel weg.

45 Lies die Wörter von oben nach unten in Silben vor!

Ap fel
se hen
öff nen
na he
Stall
rech nen
be stel len
ge hen
all mäh lich
Op fer
Kamm
Schaff ner
Herr

still
ste hen
ge sche hen
Ball
Hoff nung
blü hen
tap fer
Mü he
Kell ner
stop fen
schnell
ru hig
bei na he

46 Lies die Sätze in Silben vor! Bei besonders schwierigen Wörtern sind Kästchen eingezeichnet.

Es klingelt. ✧ Eilig geht Inge ✧ zur Tür. ✧ Vor dem Haus ✧ steht Onkel Dieter. ✧ Erstaunt ✧ schaut Inge ✧ ihn an. ✧ Der Onkel hat ✧ einen Korb ✧ in der Hand. ✧ Ein kleiner Hund ✧ schaut daraus hervor. ✧ Inge begreift sofort. ✧ Der niedliche Pudel ✧ ist für sie. ✧ Wie sehr ✧ hat sie ✧ sich schon immer ✧ so ein Tier gewünscht. ✧ Inge kann es ✧ kaum fassen. ✧ Vor Glück ✧ bringt sie ✧ kein einziges Wort ✧ über die Lippen. ✧ Mit einem Lächeln ✧ gibt ihr ✧ Onkel Dieter ✧ das Hündchen ✧ und sagt: ✧ „Es heißt Fifi.“ Inge spielt ✧ den ganzen Tag ✧ mit dem kleinen Pudel.

47 Nun kommt wieder das Würfelspiel auf der letzten Seite.

1. aufräumen	8. Kino	15. gelingen	22. Anzahl
2. Mauer	9. Eingang	16. erzählen	23. Auge
3. weglaufen	10. Knochen	17. Freude	24. brauchen
4. belügen	11. entfernen	18. Bewegung	25. aufmachen
5. Mantel	12. Heimat	19. damit	26. doppelt
6. Felsen	13. Gegend	20. Entfernung	27. Befehl
7. hundert	14. dankbar	21. niemand	28. gewonnen

schi-cken

Zu-cker

Erklären Sie dem Schüler anhand der beiden Beispiele die Trennung von „ck“.

48 Lies in Silben vor!

In der Schule ✧ lernen wir gerade ✧ zu stricken. ✧ Das macht ✧ uns allen ✧ großen Spaß. ✧ Arne und Helga ✧ haben sich ent schlos sen, ✧ Socken für den Winter ✧ zu stricken. ✧ Dann haben sie ✧ nicht mehr ✧ so kalte Füße. ✧ Ich habe mir ✧ etwas Be son de res ausgedacht, ✧ eine Jacke ✧ aus dicker Wolle. ✧ Die möchte ich ✧ meinem Opa ✧ zum Ge burts tag schenken. ✧ Er kann sie ✧ sicher gut gebrauchen.

49 Ich lese Sätze vor und du sprichst sie in Silben nach.

Christine sucht ihre Haarspange. Überall schaut sie nach. Im Schrank ist die Spange nicht. Auch in ihrer Schultasche ist nichts zu finden. Eine neue Haarspange kann Christine sich aber nicht leisten. Denn sie hat schon ihr ganzes Taschengeld ausgegeben. Ratlos kratzt sie sich am Kopf und ruft: „Ach, da ist sie ja!“

50 Lies in Silben vor!

Werner und ✧ seine Freunde ✧ gehen in den Zirkus. ✧ Sie suchen sich ✧ einen Platz ✧ in der ersten Reihe. ✧ Von da aus ✧ kann man ✧ alles genau be o bach ten. ✧ Als Erstes werden ✧ wilde Pferde vorgeführt. ✧ Auf dem Rücken ✧ der Tiere ✧ sitzen Männer. ✧ Jetzt machen sie ✧ einen Hand stand. ✧ Gleich darauf ✧ sieht es ✧ so aus, ✧ als ob sie ✧ sich vom Pferd ✧ fallen lassen würden. ✧ Aber mit ✧ einem mäch ti gen Schwung ✧ ziehen sie sich ✧ gleich wieder ✧ in den Sattel. ✧ Werner be wun dert ✧ die Männer sehr ✧ und nimmt ✧ sich vor, ✧ gleich morgen ✧ reiten zu lernen.

51 Jetzt kommt noch einmal ein Silbenrätsel. Versuche aus den Silben Wörter zu bilden! Dabei gehst du so vor: Du suchst Silben, die zusammen ein Wort ergeben. Wenn du ein Wort gefunden hast, liest du es in Silben vor. Dabei streichst du die Silben, die du gerade vorliest, mit einem Bleistift aus. Wenn du alles richtig machst, bleibt keine Silbe übrig.

Löf tau Wo fel che nie Glat schen mand ze

52 Lies in Silben vor! Achte besonders auf Wörter mit „tz“ (z. B. sitzen, Mütze). Bei solchen Wörtern musst du das „t“ ganz deutlich aussprechen.

Frau Meier hat ✧ viele dicke Katzen. ✧ Laut-los schlei-chen sie ✧ in der ganzen Wohnung umher. ✧ Oft zer-krat-zen sie ✧ die Decke ✧ auf dem Sofa. ✧ Das ärgert ✧ Frau Meier sehr. ✧ Denn sie hat ✧ die Decke ✧ schon oft ✧ stopfen müssen. ✧ Manch-mal werfen ✧ die Katzen ✧ auch eine Flasche um ✧ oder sie springen ✧ auf den Schrank ✧ und fauchen ✧ von dort aus ✧ die Besucher an. ✧ Neulich hat ✧ ein Kater ✧ sogar eine Mütze zerbissen. ✧ Frau Meier ✧ hat ihn ✧ lange aus-ge-schimpft. ✧ Aber genützt ✧ hat es nichts.

53 Jetzt kommt noch einmal das Würfelspiel auf der letzten Seite.

1.	schmücken	8.	kippen	15.	Richtung	22.	Gegensatz
2.	Wetter	9.	Wagen	16.	vergraben	23.	erfahren
3.	zuerst	10.	herzlich	17.	Rücken	24.	Lampe
4.	beliefern	11.	versprechen	18.	Gelegenheit	25.	einladen
5.	Kreide	12.	Stimme	19.	obwohl	26.	hoffen
6.	Tochter	13.	Urwald	20.	füttern	27.	gefährlich
7.	verlieren	14.	verhindern	21.	nennen	28.	helfen

Bei manchen Wörtern macht man beim Trennen leicht einen Fehler. Dazu gehören die folgenden Wörter:

vo-ran   he-rein   hi-nauf

54 Lies in Silben vor, zeichne Kästchen um die Silben und trenne die Buchstaben vor und hinter den Selbstlauten durch senkrechte Striche ab! Gehe bei jedem Wort in folgender Reihenfolge vor: Zuerst liest du die erste Silbe vor, dann zeichnest du ein Kästchen um die Silbe. Danach trennst du den Selbstlaut ab. Anschließend liest du die nächste Silbe vor usw.

G a b i   u n d   H e r b e r t   ✧
k o m m e n   h e r e i n .   ✧
G a b i   g e h t   ✧   v o r a u s .   ✧
A l l e   S c h ü l e r   ✧   d r e h e n
s i c h   ✧   n a c h   d e n   b e i -
d e n   u m .   ✧   „ S c h o n
w i e d e r   ✧   z u   s p ä t “ ,   ✧
m e i n t   d e r   L e h r e r   ✧
u n d   s c h a u t   v e r -
ä r g e r t   ✧   z u   G a b i   ✧
u n d   H e r b e r t   h i n ü -
b e r .   ✧   L e i s e   s e t z e n   ✧
d i e   b e i d e n   ✧   s i c h   a u f
i h r e n   P l a t z .

55 Ich lese Sätze vor und du sprichst sie in Silben nach.

Konrad muss ins Krankenhaus. Er hat starke Bauchschmerzen. Wahrscheinlich ist es der Blinddarm. Konrad hat ein wenig Angst vor dem Krankenhaus. Er traut sich kaum hinein. Sein Vater tröstet ihn: „Du brauchst keine Angst zu haben. Niemand wird dir wehtun. Es wird auch nicht lange dauern. Schon nach ein paar Tagen kommst du wieder heraus.“

56 Lies in Silben vor!

Zwei Männer ✧ rudern in einem Boot. ✧ Plötz lich verliert ✧ einer von beiden ✧ sein Ruder. ✧ Er beugt sich ✧ über den Boots rand. ✧ Da fängt ✧ das Boot ✧ gefährlich an ✧ zu schaukeln. ✧ Der Mann versucht, ✧ sich fest zu-klam mern. ✧ Doch vergeblich. ✧ Schon ist er ✧ ins schmut zi ge Wasser gefallen. ✧ Er versucht, ✧ zu schwimmen. ✧ Aber das Wasser ✧ ist so niedrig, ✧ dass er ✧ darin stehen kann; ✧ und so ✧ kann er ✧ in aller Ruhe ✧ wieder in das Boot einsteigen.

Eine spannende Geschichte

Ab jetzt lesen Sie zusammen mit dem Schüler eine ganze Geschichte durch. Dabei sollten Sie Folgendes beachten:

Wie viel Sie in einer Sitzung lesen, können Sie davon abhängig machen, wie weit der Schüler in seiner Lesefertigkeit schon fortgeschritten ist. Im Schnitt sind etwa 10 Minuten empfehlenswert.

Viele Schüler, denen das Lesen Probleme bereitet, verstehen den Text nur teilweise oder gar nicht. Wenn das der Fall ist, sollten Sie selbst ab der zweiten Sitzung das, was in der vorausgegangenen Sitzung gelesen worden ist, noch einmal vorlesen. Damit wird erreicht, dass der Schüler auch den Inhalt der Geschichte mitbekommt.

Und nun noch etwas ganz Wichtiges: **Der Schüler liest seinen Text immer in Silben,** während Sie „normal" vorlesen.

Beim Lesen von ganzen Texten läuft der Schüler immer wieder Gefahr, keine deutlichen Silbenpausen zu machen. Achten Sie deswegen besonders gut darauf.

Erst wenn der Schüler flüssig in Silben lesen kann, gehen Sie zum „normalen" Lesen über.

Am günstigsten ist es, wenn Sie jeden Tag in der beschriebenen Weise mit dem Schüler üben.

Die Spur führt durch den Park

Birgit | ö | ff | | n | e | | t | e | ☆ die Tür ☆ zur Küche. ☆ Vor Schreck ☆ schrie sie ☆ laut auf. ☆ Auf dem Tisch ☆ neben dem Fenster ☆ saß ein Affe. ☆ Gerade holte ☆ er sich ☆ einen Apfel ☆ aus einer großen Tüte.

Birgit

„Holger!", rief Birgit ☆ und schlug ☆ in ihrer | Au | f | - | r | e | | g | u | ng | ☆ die | K | ü | | ch | e | n | | t | ü | r | ☆ wieder zu. ☆

Holger

„Was ist ☆ denn los?", ☆ wollte ihr Bruder wissen ☆ und | str | e | ck | | t | e | ☆ den Kopf ☆ zur Tür ☆ seines Zimmers heraus.

Ganz blass ☆ im Gesicht ☆ zeigte Birgit ☆ auf die | K | ü | | ch | e | n | - | t | ü | r | ☆ und | st | o | t | | t | e | r | | t | e |: ☆ „Da, da ist ☆ ein Affe."

„Das gibt es ☆ doch gar nicht“, ☆ meinte Holger, ☆ während er ☆ aus seinem Zimmer kam.

Marco

„Doch, doch, ☆ ein lebendi-ger Affe“, ☆ wiederhol-te Birgit.

Wieder öffnete sie ☆ die Tür. ☆ Aber nun ☆ war nichts mehr ☆ von dem Tier ☆ zu sehen.

„Träumst du ☆ jetzt schon ☆ am Tage?“, ☆ fragte Holger, ☆ nachdem er ☆ einen Blick ☆ in die Küche ☆ geworfen hatte.

„Ich schwöre dir, ☆ eben saß ☆ auf dem Tisch ☆ ein Affe“, ☆ verteidigte sich Birgit. ☆

Anna

Sie trat ☆ an das offene Fenster ☆ und schaute ☆ angestrengt hinaus.

Rollo

„Da, sieh doch, ☆ da unten!“, ☆ rief sie lebhaft ☆ und zeigte ☆ auf eine Laterne, ☆ die dicht ☆ vor dem Haus stand.

Neugierig beugte ☆ sich Holger ☆ aus dem Fenster.

„Tatsächlich, ein Affe“, ☆ murmelte er.

Voller Eifer ☆ fuhr er ☆ dann fort: ☆ „Sofort hinter-her! ☆ Wir müssen ☆ ihn einfangen."

Ohne zu zögern, ☆ liefen die beiden Kinder ☆ zur Wohnung hinaus. ☆ Auf der Treppe ☆ kam ihnen ☆ Marco entgegen. ☆ Hastig erzählten ☆ sie ihm, ☆ was vorge-fallen war.

„Ich komme mit", ☆ sagte Marco. ☆ „Aber wo ☆ ist Anna? ☆ Will sie ☆ nicht auch mitmachen?"

Birgit und Anna ☆ waren Holgers Schwestern. ☆ Marco war ☆ Holgers bester Freund. ☆ Aber eigentlich war er ☆ ge-nauso Birgits ☆ und Annas Freund. ☆ Denn alle vier waren ☆ fast ständig zusammen.

„Anna ist ☆ mit Rollo unterwegs", ☆ antwor-tete Holger. ☆ „Wir können ☆ unmöglich warten, ☆ bis sie ☆ wieder da ist."

Rollo war ☆ ein junger Hund. ☆ Holger hatte ihn ☆ zu seinem letz-ten Geburtstag ☆ geschenkt bekom-men. ☆ Manchmal hatte ☆ er aber ☆ keine Lust, ☆ Rollo auf die Straße ☆ zu führen. ☆ Anna, die auch sehr ☆ an dem Tier hing, ☆ übernahm dann ☆ diese Aufgabe ☆ für ihren Bruder. ☆ So war es ☆ auch heute.

Nach wenigen Sekunden ☆ standen die Kinder ☆ vor dem Haus. ☆ Sie schauten sich ☆ überall um, ☆ ohne jedoch ☆ den Affen ☆ zu entdecken.

Eine ganze Weile ☆ liefen sie ☆ die Straße entlang, ☆ keine Spur ☆ von dem Tier. ☆ Sie bogen ☆ in die nächste Straße ein. ☆ Auch dort ☆ war nichts ☆ zu sehen. ☆ Eine Frau, ☆ die sie fragten, ☆ ob sie ☆ einen Affen ☆ bemerkt hätte, ☆ schaute sie nur ☆ merk-würdig an ☆ und gab ihnen ☆ keine Antwort.

In der nächsten Straße ☆ kam ihnen ☆ ein Mann entgegen. ☆ Auch er konnte ☆ den dreien ☆ nicht weiterhelfen. Wieder bogen sie ☆ um eine Ecke. ☆ Da rief ☆ Holger plötz-lich: ☆ „Da oben, ☆ da ist er!“

Tatsächlich! ☆ Der Affe hüpfte ☆ auf einer hohen Mauer herum, ☆ die einen Garten ☆ von der Straße ab-grenzte. ☆ Nun drehte ☆ er sich ☆ nach den Kindern um.

Als Marco ☆ das Tier erblickte, ☆ platzte er heraus: ☆ „Das ist ☆ doch Samson.“

„Wer ist Samson?“, ☆ wollte Birgit wissen.

„Vorige Woche ☆ war ich ☆ mit meiner Klasse ☆ im Zoo“, ☆ erwiderte Marco. ☆ „Da haben ☆ wir lange ☆ die Affen beobachtet, ☆ besonders den, ☆ der da oben ☆ auf der Mauer hockt. ☆ An seinem Käfig ☆ war ein Schild ☆ und darauf stand ☆ sein Name: Samson. ☆ Er gehört ☆ zu einer besonderen Art ☆ von Affen, ☆ die sehr ☆ wertvoll ist.“

In diesem Moment ☆ verschwand Samson ☆ hinter der Mauer ☆ in dem großen Garten.

„Wir müssen hinterher“, ☆ drängelte Holger.

„Aber wie?“, ☆ fragte Marco. ☆ „Die Mauer ☆ ist zu hoch. ☆ Da kommen wir ☆ nicht rauf.“

„Drüben hinter ☆ der Ecke ☆ ist eine kleine Pforte“, ☆ erinnerte sich Birgit. ☆ „Man kann sie ☆ kaum erkennen, ☆ weil sie fast ☆ mit Rosen ☆ zugewachsen ist. ☆ Neulich habe ich ☆ aber gesehen, ☆ wie ein alter Mann ☆ mit einem Hund ☆ dort in den Garten hinein-gegangen ist.“

Die Kinder bogen ☆ um die Ecke. ☆ Bald hatten sie ☆ den Eingang erreicht. ☆ Holger drückte vorsichtig ☆ gegen die Pforte. ☆ Sie ging ☆ knarrend auf. ☆ Leise und ☆ ein wenig ängstlich ☆ schlichen sich ☆ die drei ☆ in den Garten.

„Wahrscheinlich hockt ☆ der Affe ☆ auf einem Baum“, ☆ sagte Birgit. ☆ „Wir müssen ☆ die Bäume ☆ einen nach ☆ dem ande-ren absuchen.“

„Fragt sich ☆ bloß wie“, ☆ gab Holger ☆ zu be den - ken. ☆ „Schau doch mal ☆ nach oben! ☆ Auf den Bäumen ☆ wachsen die Blätter ☆ so dicht, ☆ dass man ☆ gar nicht ☆ er ken - nen kann, ☆ ob jemand ☆ da oben sitzt ☆ oder nicht.“

„Dann müssen ☆ wir eben hi nauf klet tern“, ☆ ent geg ne te Marco.

„Bei so vielen Bäumen ☆ kann das ☆ Stunden dauern“, ☆ meinte Holger.

Nach denk lich kratzte ☆ sich Marco ☆ am Kopf ☆ und schaute ☆ von einem Baum ☆ zum anderen.

„Hört ihr das?“, ☆ fragte Holger plötz lich.

Jetzt be merk ten ☆ Marco und Birgit ☆ es auch: ☆ In ei ni ger Ent fer nung ☆ bellte ein Hund. ☆ Das Tier ☆ hörte sich ☆ ge fähr lich an, ☆ ganz anders ☆ als Holgers Hund. ☆ Rollo war ☆ immer fried lich ☆ und freund lich. ☆ Noch nie ☆ hatte er ☆ je man - den gebissen ☆ oder auch nur ☆ wütend an ge - bellt.

„Hoffentlich wird ☆ der Hund nicht ☆ von der Leine gelassen!“, ☆ flüsterte Holger erschrocken. ☆ „Das könnte ☆ ziemlich ungemütlich ☆ für uns werden.“

Kaum hatte Holger ☆ seine Befürchtung ausge-sprochen, ☆ da wurde ☆ das Bellen ☆ auch schon lauter.

„Er rennt genau ☆ auf uns zu“, ☆ sagte Birgit ☆ voller Angst.

Immer näher ☆ kam das Bellen. ☆ Es klang ☆ erregt und ☆ voller Hass.

Vor Entsetzen ☆ waren die drei ☆ wie ge-lähmt.

Schon hörte man ☆ im Gebüsch ☆ trockene Äste knacken.

Schweißperlen standen ☆ den Kindern ☆ auf der Stirn. ☆ Niemand rührte sich ☆ von der Stelle.

Nun war ☆ der Hund ☆ schon so nah, ☆ dass man ☆ seinen keuchenden Atem ☆ hören konnte.

Marco fasste sich ☆ als Erster. ☆ „Los, ☆ auf den Baum!“, ☆ schrie er. ☆ Seine Stimme ☆ überschlug sich ☆ vor Aufregung.

Blitzschnell rannten ☆ die drei ☆ zum nächsten Baum. ☆ Birgit sprang hoch, ☆ griff nach ☆ dem untersten Ast ☆ und zog ☆ sich hinauf. ☆ Holger kletterte ☆ rasch hinterher. ☆ Marco stand ☆ noch unten.

Jetzt war ☆ der Hund ☆ nur noch ☆ wenige Meter ☆ von dem Jungen entfernt. ☆ Die Augen ☆ des Tieres glitzerten böse ☆ und in seinem Maul ☆ sah man ☆ eine Reihe ☆ von Zähnen, ☆ die scharf waren ☆ wie Messer.

Plötzlich hörte man ☆ aus der Ferne ☆ eine Stimme.

„Hasso, hierher!“, ☆ rief jemand.

Das Tier ☆ blieb stehen ☆ und drehte ☆ sich um.

Diesen Augenblick ☆ versuchte Marco ☆ zu nutzen. ☆ Er sprang ☆ so hoch ☆ er konnte. ☆ Mit aller Kraft ☆ krallte er sich ☆ an einem Ast fest, ☆ rutschte aber sofort ☆ mit einer Hand ☆ wieder ab.

Der Hund ☆ wandte sich wieder ☆ den Kindern zu ☆ und duckte sich ☆ zum Sprung.

Blitzschnell griff Holger ☆ nach Marcos ☆ freier Hand, ☆ um ihn ☆ in die Höhe ☆ zu ziehen.

Das riesige Tier sprang.

Mit einem ☆ gewaltigen Ruck ☆ zog Holger ☆ seinen Freund ☆ auf den Baum.

Ganz knapp ☆ sauste der Hund ☆ an Marcos ☆ Füßen vorbei ☆ und landete ☆ einige Meter ☆ hinter dem Baum. ☆ Sofort drehte ☆ er sich ☆ wieder um ☆ und schnellte ☆ heiser bellend ☆ erneut in die Höhe.

Mit bebenden Händen ☆ hielten die Kinder ☆ sich an den Ästen fest. ☆ Wie gebannt ☆ schauten sie ☆ nach unten.

Der Hund ☆ gab nicht auf. ☆ Immer wieder ☆ sprang er, ☆ rasend vor Wut, ☆ an dem Baum hoch.

Die Kinder hielten ☆ den Atem an. ☆ Keiner von ihnen wagte ☆ etwas zu sagen.

Nach einer Weile, ☆ die den Kindern ☆ wie eine Ewigkeit vorkam, ☆ hörte man ☆ die Stimme ☆ wieder rufen: ☆ „Hasso, hierher, ☆ Hasso, bei Fuß!“

Endlich ließ ☆ der Hund ☆ von den Kindern ab. ☆ Zögernd lief er ☆ in die Richtung, ☆ aus der ☆ die Stimme ☆ gekommen war.

Als das schreckliche Tier ☆ endlich verschwunden war, ☆ atmeten die Kinder ☆ erleichtert auf. ☆ Nach einer Weile ☆ ließ auch ☆ das Zittern ☆ in ihren Händen nach. ☆ Sie hatten aber ☆ noch nicht ☆ den Mut, ☆ den Baum wieder ☆ zu verlassen.

Auf einmal ☆ hielt jemand ☆ Birgit von hinten ☆ die Augen zu.

Gerade wollte ☆ sie sagen: ☆ „Lass doch ☆ den Blöd-sinn!“, ☆ als ihr einfiel, ☆ dass Holger ☆ und Marco ☆ unter und nicht ☆ hinter ihr ☆ auf dem Baum saßen.

Birgit brachte ☆ nur ein leises Stöh-nen ☆ über die Lippen. ☆ Er-neu-te Angst ☆ schnür-te ihr ☆ die Kehle zu.

Jetzt ließen ☆ die Hände ☆ wieder los.

Das Mädchen ☆ drehte sich ☆ ganz langsam um ☆ und schaute ☆ in ein fal-ti-ges ☆ schwar-zes Gesicht.

Es gehörte Samson.

Freund-lich blin-zel-te er ☆ das Mädchen an ☆ und klopfte ihr ☆ mit der Hand ☆ auf die Schulter, ☆ als ob er ☆ sagen wollte: ☆ „Das habt ☆ ihr aber ☆ gut gemacht!“

Die Kinder ☆ konnten es ☆ gar nicht fassen, ☆ dass sie ☆ nach dem Schreck ☆ mit dem Hund ☆ den Affen ☆ so schnell ☆ gefunden hatten.

Birgit strei-chel-te Samson ☆ und klopfte ☆ ihm ebenfalls ☆ auf die Schulter. ☆ Holger gab ☆ dem Affen ☆ zur Be-grü-
ßung ☆ die Hand.

„Am besten ☆ wir verschwinden schnell ☆ aus dem Garten“, ☆ meinte Marco ☆ und Birgit ☆ stimmte zu: ☆ „Ich versuche, ☆ Samson vom Baum ☆ zu locken.“

Während die drei Kinder ☆ den Baum hinunter-kletterten, ☆ nahm Birgit ☆ den niedlichen Affen ☆ an die Hand ☆ und zog ☆ ihn vorsichtig ☆ hinter sich her.

Doch kaum ☆ hatten sie ☆ den Boden erreicht, ☆ da riss er ☆ sich los. ☆ Mit kleinen, ☆ hastigen Sprüngen ☆ rannte Samson ☆ auf die Mauer zu, ☆ schwang sich hinauf ☆ und war sofort ☆ auf der anderen ☆ Seite verschwunden.

Rasch liefen ☆ die Kinder ☆ zu der Tür, ☆ durch die sie ☆ den Garten ☆ betreten hatten. ☆ Von dort aus ☆ sahen sie ☆ gerade noch, ☆ wie der Affe ☆ auf der anderen Seite ☆ der Straße ☆ auf einen Baum kletterte.

Aus dem Haus dahinter ☆ trat ein Mann. ☆ Unter dem Baum ☆ blieb er ☆ kurz stehen.

In diesem Moment ☆ sah man ☆ von oben ☆ einen langen ☆ schwarzen Arm auftauchen. ☆ Eine Hand tastete ☆ nach dem Kopf ☆ des Mannes, ☆ er griff seinen Hut ☆ und verschwand damit ☆ augenblicklich wieder ☆ in der Baumkrone.

Zunächst schien ☆ der Mann ☆ gar nichts ☆ bemerkt zu haben. ☆ Doch dann ☆ wurde es ihm ☆ wohl etwas kühl ☆ am Kopf ☆ und er fühlte ☆ nach seinem Hut. ☆ Aber er griff ☆ ins Leere.

Nun schaute er ☆ hinter sich. ☆ Als er ☆ auch da ☆ nichts entdecken konnte, ☆ suchte er überall ☆ den Boden ab. ☆ Nichts war ☆ zu finden. ☆ Jetzt ging ☆ er wieder ☆ ins Haus zurück. ☆ Vermutlich dachte er, ☆ er hätte ☆ seinen Hut vergessen.

Inzwischen waren ☆ die Kinder ☆ unter dem Baum angekommen. ☆ Alle drei versuchten, ☆ Samson dazu ☆ zu bringen ☆ herunterzuklettern.

„Komm, Samson, komm!“, ☆ lockte Birgit. ☆ „Du kriegst ☆ auch gleich ☆ eine schöne, ☆ große Banane.“

Aber der Affe ☆ dachte gar nicht daran, ☆ auf das Mädchen ☆ zu hören.

„Jetzt aber ☆ runter vom Baum!“, ☆ befahl Marco.

Samson tippte ☆ sich bloß ☆ mit einem Finger ☆ an die Stirn. ☆ Le - dig lich den Hut ☆ warf er herunter.

Birgit hob ☆ ihn auf.

In diesem Au gen blick ☆ trat der Mann wieder ☆ aus dem Haus heraus. ☆ Er sah ☆ ein wenig ☆ ver wun dert aus, ☆ als er ☆ seinen Hut er blick te.

„Den Hut ☆ haben Sie ☆ wohl verloren“, ☆ sagte Birgit schnell.

„Was? ☆ Ja, na tür lich. ☆ Sicher, sicher. ☆ Danke, danke“, ☆ stam mel te der Mann zer streut.

Er nahm ☆ seinen Hut ☆ und ging eilig ☆ über die Straße.

Er staunt schauten ☆ die Kinder ☆ ihm nach. ☆ Es gab schon ☆ merk wür di ge Leute.

In zwi schen hatte ☆ sich Samson ☆ ganz heim - lich ☆ den Baum he run ter ge las - sen.

Als die drei ☆ sich nach ☆ ihm um dreh ten, ☆ sahen sie ☆ gerade noch, ☆ wie er ☆ um die nächste ☆ Ecke flitz te.

Sogleich liefen ☆ die Kinder ☆ hinter ihm her. ☆ Aber als sie ☆ an der Ecke anlangten, ☆ war nichts mehr ☆ von ihm ☆ zu sehen.

„Da drüben ist ☆ ein altes, ☆ verfallenes Haus“, ☆ meinte Marco. ☆ „Es steht schon ☆ seit Jahren leer. ☆ Vielleicht ist Samson ☆ durch ein Fenster hi-neingeklettert. ☆ Auf jeden Fall ☆ sollten wir ☆ mal nachsehen.“

Das Haus hatte ☆ einen kleinen Vorgarten. ☆ Die Kinder ☆ gingen hinein ☆ und schauten ☆ erst einmal nach, ☆ ob sich

Samson ☆ in einem der Büsche ☆ verborgen
hielt. ☆ Aber dort ☆ war er nicht.

Vom Garten aus ☆ konnte man sehen, ☆ dass die Haustür ☆
offen war. ☆ Die Kinder traten ☆ in den Flur. ☆ Es roch muf-
fig. ☆ Überall lagen ☆ Reste von Möbeln, ☆ alte
Zeitungen, ☆ Lumpen und ☆ anderer
Abfall herum.

Als erstes ☆ suchten die Kinder ☆ die Räume ab, ☆ die zur Straße gin-
gen. ☆ Aber weder Samson, ☆ noch irgendeine
Spur ☆ von ihm, ☆ war zu entdecken.

Gerade wollten ☆ die drei ☆ in ein Zimmer eintreten, ☆
das einmal ☆ als Küche ☆ gedient hatte, ☆ da hörten ☆ sie
Stimmen. ☆ Sie kamen ☆ von draußen.

„Da ist jemand ☆ im Garten ☆ hinter dem Haus“, ☆ flüsterte Birgit.

Geduckt näherten ☆ sie sich ☆ einem
Fenster ☆ und blieben ☆ darunter hocken.

Hinter dem Haus ☆ unterhielten sich ☆ zwei
Männer. ☆ Der eine ☆ sagte gerade: ☆ „Da drüben ☆ im Park ☆ ist der
Affe verschwunden. ☆ Wir müssen ihn ☆ un-

bedingt schnappen. ☆ Solche Tiere ☆ kommen nur ☆ noch ganz ☆ selten vor. ☆ Wenn wir ☆ ihn verkaufen, ☆ kriegen wir ☆ eine Menge ☆ Geld dafür.“

Den Kindern ☆ stockte der Atem. ☆ Alle drei dachten ☆ das Gleiche: ☆ Sie mussten Samson ☆ auf jeden Fall ☆ vor den Männern retten ☆ und in den Zoo zurückbringen. ☆ Sonst würden ☆ die beiden ☆ den Affen verkaufen ☆ und wer weiß, ☆ was dann ☆ mit ihm ☆ geschehen würde.

Nun hörte man ☆ die Männer aufbrechen. ☆ Nach kurzer Zeit ☆ waren sie verschwunden.

Als die Kinder ☆ durch das Fenster ☆ in den Garten schauten, ☆ sahen sie ☆ ein paar Bierflaschen, ☆ Reste von ☆ einem Weißbrot ☆ und eine Tüte herumliegen.

„Wahrscheinlich haben ☆ die beiden ☆ es sich ☆ hier im Schatten ☆ des Hauses ☆ gemütlich gemacht“, ☆ meinte Birgit.

„Was machen ☆ wir nun?“, ☆ fragte Holger ratlos.

„Wir müssen ☆ die Männer ☆ im Auge behalten“, ☆ sagte Marco. ☆ „Sonst kommen sie ☆ uns zuvor.“

Schnell liefen ☆ die Kinder ☆ zur vorderen Haustür ☆ und spähten hinaus. ☆ Zu ihrem Erstaunen ☆ sahen sie, ☆ dass nur einer ☆ der beiden Männer ☆ auf den Park zuging. ☆ Der andere, ☆ ein großer Dicker ☆ mit blonden Haaren, ☆ ging die ☆ Straße hinunter.

„Am besten ☆ verfolgt einer ☆ von uns ☆ den Blonden“, ☆ schlug Birgit vor. ☆ „Außerdem sollte ☆ jemand Rollo ☆ von zu Hause holen. ☆ Hunde haben ja ☆ eine gute Nase. ☆ Möglicherweise kann Rollo ☆ im Park ☆ die Spur ☆ von Samson aufnehmen. ☆ Dann finden wir ☆ ihn viel leicht.“

„Ich schleiche hinter ☆ dem Blonden her“, ☆ bot Marco an.

„Und ich ☆ hole Rollo“, ☆ meinte Holger. ☆ „Anna ist ☆ bestimmt wieder ☆ mit ihm zurück.“

„Dann schaue ich ☆ nach dem kleinen Dünnen, ☆ der in den Park ☆ gegangen ist“, ☆ sagte Birgit. ☆ „In zehn Minuten ☆ treffen wir ☆ uns dann ☆ bei dem Baum, ☆ von dem aus Samson ☆ dem alten Mann ☆ den Hut ☆ geklaut hat.“

Sofort machten ☆ sich alle drei ☆ auf den Weg.

Birgit schlich ☆ in den Park. ☆ Geschickt ver-barg ☆ sie sich ☆ hinter Bäumen ☆ und Büschen, ☆ sodass ☆ der kleine ☆ dünne Mann ☆ sie nicht ☆ sehen konnte.

Offenbar hoffte ☆ der Mann, ☆ Samson ir-gendwo ☆ auf einem Baum ☆ zu entdecken. ☆ Je-denfalls schaute ☆ er ständig ☆ nach oben. ☆ Aber weder er ☆ noch Birgit ☆ bemerkten etwas ☆ von einem Affen.

Nach zehn Minuten ☆ verließ Birgit ☆ den Park wieder ☆ und ging ☆ zum verabrede-ten Treffpunkt. ☆ Dort musste sie ☆ eine Weile warten.

Als nächster ☆ fand sich Holger ☆ mit Rollo ein. ☆ Anna hatte er ☆ ebenfalls mitgebracht. Sie wollte natürlich auch ☆ bei der Verfolgung ☆ dabei sein.

Nun kam auch ☆ Marco angerannt.

„Der Blonde ☆ ist gleich ☆ wieder da“, ☆ keuchte er ☆ ganz außer Atem. ☆ „Er hat ☆ ein paar ☆ Bananen gekauft. ☆

Wahrscheinlich wollen ☆ die beiden ☆ Samson damit anlocken."

„Jetzt kommt es ☆ darauf an, ☆ wer schneller ist, ☆ die beiden Männer ☆ oder wir", ☆ meinte Birgit trocken.

„Ich lasse ☆ Rollo gleich ☆ die Spur aufnehmen", ☆ sagte Holger ☆ vom Jagdfieber ergriffen.

Er führte ☆ seinen Hund ☆ zu dem Baum, ☆ den der Affe ☆ hinaufgeklettert war.

Rollo schnupperte ☆ an dem Stamm herum ☆ und es dauerte ☆ nicht lange, ☆ da stürmte er ☆ auf das alte, ☆ verfallene Haus zu.

„Er hat ☆ die Spur gefunden“, ☆ jubelte Holger.

„Wir können ☆ aber nicht ☆ den ganzen Weg verfolgen, ☆ den Samson ☆ durch das Haus ☆ und den Garten ☆ gelaufen ist“, ☆ bremste Marco ☆ seinen Freund. ☆ „Das würde ☆ zu lange dauern.“

„Du hast Recht“, ☆ stimmte Birgit zu. ☆ „Wir müssen sofort ☆ in den Park. ☆ Dort soll ☆ Rollo versuchen, ☆ die Spur wiederzufinden.“

Die Kinder liefen ☆ in den Park ☆ und begannen ☆ die Suche ☆ auf der Seite, ☆ die an ☆ das alte Haus grenzte. ☆ Während Holger ☆ seinen Hund ☆ an der Leine führte, ☆ hielten die ☆ anderen drei ☆ in einiger Entfernung ☆ Ausschau nach ☆ den beiden Männern.

Rollo schnupperte eifrig ☆ am Boden herum. ☆ Aber nichts ☆ deutete darauf hin, ☆ dass er ☆ dem Affen ☆ auf der Spur war.

„Such Rollo, such!“, ☆ ermunterte Holger ☆ seinen Hund ☆ immer wieder. ☆ Aber Rollo ☆ schien nichts ☆ zu finden.

Auf einmal ☆ kam Marco ☆ auf Holger zugerannt.

„Die beiden Männer ☆ sind im Anmarsch“, ☆ rief er. ☆ „Am besten, ☆ wir tun so, ☆ als ob wir ☆ mit Rollo ☆ spielen würden.“

Schnell suchte ☆ sich Holger ☆ einen kurzen, ☆ dicken Ast, ☆ ließ seinen Hund ☆ von der Leine ☆ und warf dann ☆ den Stock ☆ in einem weiten ☆ Bogen weg.

„Hol ihn!“, ☆ befahl er ☆ seinem Hund.

Laut bellend ☆ jagte Rollo ☆ hinter dem Stock her, ☆ schnappte ihn sich ☆ und brachte ihn, ☆ freudig mit ☆ dem Schwanz wedelnd, ☆ zu Holger zurück.

Inzwischen waren ☆ die beiden Männer herangekommen.

„Verschwindet, ihr beiden!“, ☆ schimpfte der Blonde ☆ mit barscher Stimme.

„Wieso?", ☆ antwortete Marco. ☆ „Wir können ☆ so lange ☆ hier bleiben, ☆ wie wir wollen. ☆ Das ist schließlich ☆ ein öffentlicher Park."

„Haut ab!", ☆ brüllte nun ☆ der kleine Dünne. ☆ „Sonst machen wir euch Beine."

Jetzt wurden ☆ auch Birgit ☆ und Anna aufmerksam. ☆ Sie kamen ☆ aber nicht heran, ☆ sondern hielten ☆ sich abseits ☆ hinter einem ☆ dicken Baum verborgen.

„Der Klügere ☆ gibt nach", ☆ sagte nun Marco ☆ ein wenig frech ☆ und die beiden Jungen ☆ traten den Rückzug an.

Sobald aber ☆ ein großer Busch ☆ zwischen ihnen ☆ und den Männern war, ☆ hielten sie inne, ☆ um zu beobachten, ☆ was die Männer taten.

Der Blonde gab ☆ seinem Freund ☆ die Hälfte ☆ der Bananen ☆ und dann entfernte ☆ sich jeder ☆ in eine andere Richtung, ☆ um den Affen ☆ mit den Früchten anzulocken.

Als die beiden Männer ☆ außer Sichtweite waren, ☆ gingen Holger ☆ und Marco ☆ zu den beiden Mädchen, ☆ um zu überlegen, ☆ was zu tun war.

„Wir müssen versuchen, ☆ die beiden Männer ☆ dazu zu bringen, ☆ aus dem Park ☆ zu verschwinden“, ☆ dachte Marco ☆ laut nach. ☆ „Dann können wir ☆ in Ruhe weitersuchen.“

„Ich habe ☆ eine Idee“, ☆ führte Birgit ☆ den Gedanken weiter. ☆ „Die Männer ☆ haben mich doch ☆ noch nicht gesehen. ☆ Das heißt, ☆ sie wissen nicht, ☆ dass ich ☆ zu Marco gehöre. ☆ Wie wäre es, ☆ wenn ich ☆ zu ihnen ginge ☆ und behauptete, ☆ ich hätte Samson ☆ außerhalb des ☆ Parks gesehen?“

„Tolle Idee!“, ☆ riefen die anderen ☆ wie aus ☆ einem Mund.

Birgit nahm ☆ all ihren ☆ Mut zusammen, ☆ holte tief Luft ☆ und lief ☆ hinter dem Blonden her. ☆ Auf der anderen Seite, ☆ wo der Park ☆ an einen Fluss grenzte, ☆ holte sie ☆ ihn ein.

Sie schlug sich ☆ seitlich in die Büsche, ☆ überholte den Mann ☆ und lief ihm ☆ dann entgegen.

So laut ☆ sie konnte ☆ rief sie: ☆ „Ein Affe, ☆ ein Affe! ☆ Da drüben, ☆ ein Affe!“

„Wo ist ☆ ein Affe?“, ☆ wollte der Blonde ☆ sofort wissen.

„Dort“, ☆ erwiderte Birgit ☆ und zeigte ☆ auf die andere Seite ☆ des Flusses.

Der Mann rief ☆ seinen Freund ☆ und beide rannten ☆ auf den nächsten Ausgang ☆ des Parks zu.

Birgit hastete ☆ zu den anderen zurück.

Sogleich nahmen ☆ die vier ☆ die Suche ☆ nach Samson ☆ wieder auf.

Dort, ☆ wo der Park ☆ an das alte Haus grenzte, ☆ führte Holger ☆ seinen Hund erneut ☆ überall herum.

„Such, Rollo, such!“, ☆ sagte er ☆ immer wieder.

Aber der Hund ☆ fand keine Spur, ☆ so eifrig ☆ er auch ☆ am Boden herumschnüffelte.

„Viel Zeit ☆ haben wir nicht“, ☆ meinte Marco. ☆ Irgend-wann werden ☆ die beiden Männer merken, ☆ dass wir sie ☆ an der Nase ☆ herumgeführt haben ☆ und dann ☆ kommen sie ☆ wieder her.

„Ein bisschen Zeit ☆ musst du ☆ Rollo schon lassen“, ☆ gab Holger zurück. ☆ „Schließlich gibt es ☆ hier Hunder-te ☆ von Spuren. ☆ Da ist ☆ es auch ☆ für den besten Spür-hund ☆ nicht ganz einfach, ☆ die richtige ☆ zu finden.“

Mit einem Mal ☆ zerrte Rollo ☆ wie wild ☆ an der Leine. ☆ Er war ☆ kaum noch ☆ zu halten.

„Jetzt hat er ☆ die Spur“, ☆ rief Holger.

Der Hund ☆ rannte los, ☆ die Kinder hinterher.

Nach kurzer Zeit ☆ blieb Rollo ☆ laut bellend ☆ vor einem großen ☆ dicken Baum stehen.

„Da oben ☆ scheint Samson ☆ zu sein“, ☆ meinte Holger.

Die Kinder ☆ schauten hinauf, ☆ konnten aber ☆ nichts erkennen.

„Vielleicht ist er ☆ auf der anderen Seite ☆ schon wieder heruntergeklettert“, ☆ gab Anna ☆ zu bedenken.

„Das werden wir ☆ gleich haben“, ☆ antwortete Holger ☆ und führte ☆ seinen Hund ☆ um den Baum herum. ☆ Und tatsächlich, ☆ die Spur ☆ führte weiter.

Wieder rannte ☆ Rollo los. ☆ Dieses Mal ☆ stürmte er ☆ auf ein dichtes Gebüsch zu.

Kurz davor ☆ stießen die Kinder ☆ auf Spuren. ☆ Es sah aus, ☆ als sei jemand ☆ auf Händen gegangen.

„Das sind bestimmt ☆ die Fußabdrücke ☆ von Samson!“, ☆ rief Holger.

Rasch suchten ☆ die Kinder ☆ das Gebüsch ab. ☆ Aber Samson ☆ hielt sich ☆ in den Sträuchern ☆ nicht verborgen.

„Vielleicht hat Rollo ☆ die Spur ☆ schon längst verloren ☆ und rennt ☆ jetzt nur noch ☆ in der Gegend umher“, ☆ meinte Marco zweifelnd.

„Nein, nein, ☆ er hat ☆ die Spur. ☆ Da bin ich ☆ ganz sicher“, ☆ erwiderte Holger ☆ ein wenig beleidigt. ☆ „Sonst würde er ☆ nicht immer ☆ in eine bestimmte ☆ Richtung laufen.“

Plötzlich blieb Birgit ☆ wie angewurzelt stehen.

„Schaut mal, ☆ da oben!“, ☆ sagte sie ☆ und zeigte ☆ auf einen riesigen Kran, ☆ der auf ☆ einer Baustelle ☆ neben dem Park stand.

Die drei anderen ☆ wurden ganz blass. ☆ Etwa zwanzig Meter ☆ über dem Erdboden ☆ hing Samson ☆ an einem Seil, ☆ das von dem Kran ☆ in die Höhe ☆ gezogen wurde.

„Wenn er loslässt ☆ und herunter-fällt, ☆ ist er tot“, ☆ sagte Anna ☆ und Tränen ☆ traten ihr ☆ in die Augen.

„Stimmt“, ☆ murmelte Marco, ☆ aber so leise, ☆ dass Anna ☆ es nicht ☆ hören konnte.

Das Seil ☆ wurde immer ☆ weiter hochgezogen. ☆ Samson war ☆ nun schon ☆ dreißig Meter ☆ über dem Erdboden.

„Jetzt klettert ☆ er auch noch ☆ nach oben!“, ☆ schrie Birgit ☆ voller Entsetzen.

Das Seil ☆ lief am Ende ☆ des Krans ☆ über eine ☆ große Rolle.

Immer näher ☆ kam der Affe ☆ der Rolle.

„Wenn er ☆ mit den Fingern ☆ zwischen das Seil ☆ und die Rolle gerät, ☆ ist er verloren“, ☆ stieß Anna hervor.

Samson kletterte ☆ immer weiter ☆ in die Höhe. ☆ Jetzt war er ☆ nur noch fünf ☆ oder sechs Meter ☆ von der Rolle entfernt.

„Du dummer Affe!“, ☆ schrie Holger verzweifelt. ☆ „Hör doch ☆ wenigstens auf ☆ zu klettern!“

Natürlich war ☆ es vergeblich, ☆ Samson etwas zuzurufen. ☆ Der Affe ☆ konnte Holger ☆ gar nicht hören. ☆ Aber selbst ☆ wenn die Warnung ☆ des Jungen ☆ bis zu Samson ☆ durchgedrungen wäre, ☆ hätte es ☆ nichts genutzt. ☆ Denn verstehen ☆ konnte der Affe ☆ Holger bestimmt nicht.

Samson kam ☆ der Rolle ☆ immer näher. ☆ Nun war er ☆ noch vier Meter ☆ von ihr entfernt, ☆ jetzt noch drei, ☆ noch zwei.

Den Kindern ☆ klopfte das Herz ☆ bis zum Hals. ☆ Sie trauten ☆ sich kaum ☆ noch hinzuschauen.

Plötzlich ließ Samson ☆ das Seil los.

Sogleich stürzte er ☆ in die Tiefe.

In der Luft ☆ überschlug er ☆ sich mehrmals, ☆ bevor die Kinder ☆ ihn hinter einem Baum ☆ aus den Augen verloren.

Traurig gingen ☆ die vier ☆ dorthin, wo Samson ☆ auf den Boden ☆ gefallen sein musste. ☆ Anna weinte.

Doch wie groß ☆ war ihr Erstaunen, ☆ als sie ☆ den Affen ☆ auf einem großen Lastwagen ☆ herumspringen sahen.

Samson war nicht ☆ auf den Boden gefallen, ☆ sondern auf ☆ einen Laster ☆ mit einer Plane. ☆ Dadurch war ☆ der Sturz abgebremst worden. ☆ Trotzdem war ☆ es fast ☆ ein

Wunder, ☆ dass er ☆ ohne eine Verletzung ☆ davongekommen war.

Die Kinder ☆ wussten vor Freude ☆ gar nicht, ☆ was sie ☆ sagen sollten. ☆ Anna lachte ☆ und weinte gleichzeitig. ☆ Sogar Marco ☆ wischte sich ☆ eine Träne ☆ aus dem Auge.

Samson kletterte eifrig ☆ auf dem Lastwagen herum. ☆ Auf einmal ☆ verschwand er ☆ durch ein Loch ☆ ins Innere ☆ des Wagens.

In diesem Augenblick ☆ fuhr der Laster los. ☆ Anscheinend hatte ☆ der Fahrer ☆ von dem ganzen Vorgang ☆ gar nichts bemerkt.

„Verdammt!“, ☆ fluchte Holger. ☆ „Jetzt ist er ☆ schon wieder weg.“

Die Kinder schauten ☆ hinter dem Wagen her, ☆ der bald ☆ um eine Ecke bog.

„Das war ☆ es wohl“, ☆ meinte Holger. ☆ „Den Laster verfolgen, ☆ das schaffen ☆ wir nicht.“

„Moment mal“, ☆ sagte Marco. ☆ „Habt ihr gesehen, ☆ was auf ☆ dem Wagen drauf stand?“

„Obst und Gemüse“, ☆ erwiderte Holger. ☆ „Na und?“

„Leute, ☆ denkt doch ☆ mal nach!“, ☆ drängte Marco.

„Na klar“, ☆ platzte jetzt ☆ Birgit heraus. ☆ „Der Last-wagen ☆ hat hier ☆ Obst und ☆ Gemüse abgeladen ☆ und jetzt ☆ fährt er ☆ wahr-scheinlich zurück ☆ zum Großmarkt. ☆ Also nichts ☆ wie hinterher!“

„Aber der Großmarkt ☆ ist doch viel ☆ zu weit weg“, ☆ warf Anna ein. ☆ „Und unsere Fahrräder ☆ haben wir ☆ auch nicht dabei.“

„Aber unsere Monatskarten ☆ für den Bus“, ☆ erwiderte Birgit. ☆ „Die Linie neun ☆ fährt genau ☆ zum Großmarkt.“

Rasch liefen ☆ die Kinder ☆ zur nächsten Haltestel-le. ☆ Nach wenigen Minuten ☆ kam auch schon ☆ die Linie neun.

Als sie ☆ eingestiegen waren ☆ und sich ☆ auf die hinteren Plätze ☆ gesetzt hatten, ☆ sahen sie plötz-lich ☆ die zwei Männer, ☆ die Samson fangen ☆ und verkaufen wollten.

So schnell ☆ die beiden konnten, ☆ rannten sie ☆ auf den Bus zu.

„Bestimmt haben sie ☆ Samson auch ☆ an dem Kran ☆ hängen sehen“, ☆ meinte Birgit. ☆ „Als dann ☆ der Lastwagen ☆ abgefahren ist, ☆ sind sie ☆ auf die gleiche ☆ Idee gekommen ☆ wie wir.“

Immer schneller liefen ☆ die beiden Männer. ☆ Der Blonde winkte ☆ und rief, ☆ damit der Fahrer ☆ des Busses ☆ auf sie wartete.

„Hoffentlich schaffen ☆ sie es nicht“, ☆ sagte Anna ☆ und sprach ☆ damit aus, ☆ was alle vier dachten.

Der Bus ☆ fuhr los.

Fluchend blieben ☆ die beiden Männer stehen. ☆ Voll Wut schüttelte ☆ der kleine Dünne ☆ seine Faust ☆ hinter dem Bus her.

„Gott sei Dank!“, ☆ stöhnte Anna. ☆ „Die sind ☆ wir los.“

„Da bin ☆ ich nicht ☆ so sicher“, ☆ widersprach Marco. ☆ „Die geben ☆ bestimmt nicht auf. ☆ Entweder warten sie ☆ auf den nächsten Bus ☆ oder sie ☆ nehmen sich ☆ ein Taxi. ☆ Vielleicht klauen ☆ sie auch ☆ ein Auto.“

Nach etwa ☆ zwanzig Minuten ☆ hielt der Bus ☆ am Großmarkt.

Die Kinder ☆ stiegen aus ☆ und schauten ☆ sich um. ☆ Auf dem Markt ☆ wimmelte es ☆ von Menschen. ☆ Die einen ☆ boten Obst ☆ und Gemüse an ☆ und die anderen ☆ kauften es. ☆ Überall standen ☆ größere und ☆ kleinere Lastwagen herum. ☆ Männer mit kräftigen Armen ☆ beluden sie ☆ mit Kisten ☆ voll von Äpfeln, ☆ Birnen, Kartoffeln, ☆ Kohlköpfen und ☆ anderem Obst ☆ und Gemüse.

„Was mache ☆ ich jetzt ☆ mit Rollo?“, ☆ wollte Holger wissen. ☆ „In dieses Gedränge ☆ kann ich ihn ☆ nicht mitnehmen.“

„Dann musst ☆ du eben ☆ hier warten“, ☆ meinte Birgit.

Als sie aber ☆ das enttäuschte Gesicht ☆ ihres Bruders sah, ☆ fiel ihr ein, ☆ dass auf der ☆ anderen Straßenseite ☆ ein Mädchen ☆ aus ihrer Klasse wohnte. ☆ Dort könnte man ☆ Rollo hinbringen.

Die Kinder liefen ☆ über die Straße ☆ und klingelten ☆ bei Birgits Klassenkameradin.

Das Mädchen ☆ war gerne bereit, ☆ auf den Hund aufzupassen.

Auf den Markt zurückgekehrt, ☆ meinte Anna ☆ ziemlich ratlos: ☆ „Wie sollen ☆ wir Samson ☆ in dem Gewühl ☆ bloß finden?“

„Wenn wir ☆ Glück haben, ☆ ist er noch ☆ in dem Lastwagen, ☆ mit dem er ☆ hergekommen ist“, ☆ erwiderte Birgit.

„Aber den ☆ müssen wir ☆ erst einmal aufstöbern“, ☆ meinte Holger. ☆ „Die meisten Laster ☆ sehen genauso aus ☆ wie der, ☆ in den Samson ☆ hineingeklettert ist.“

Mühsam bahnten ☆ die Kinder ☆ sich einen Weg ☆ durch die Menschen. ☆ Immer, wenn sie ☆ an einem Lastwagen vorbeikamen, ☆ schauten sie hinein.

Manchmal wurden ☆ sie gefragt, ☆ was sie suchten. ☆ Aber die Kinder ☆ hielten sich ☆ nicht lange ☆ mit umständlichen Erklärungen auf. ☆ Stattdessen beeilten sie sich, ☆ um möglichst ☆ viele Wagen ☆ untersuchen zu können.

Als sie aber ☆ an einem Stapel Kisten ☆ mit besonders großen, ☆ roten Pfirsichen vorbei-gingen, ☆ blieben sie ☆ einen Augenblick stehen. ☆ Beim Anblick ☆ der Früchte ☆ lief ihnen ☆ das Wasser ☆ im Mund zusammen.

„Na Kinder“, ☆ sagte eine freundliche Markt-frau. ☆ „Ihr seht aber ☆ hungrig aus.“

„Wie viel kosten denn ☆ vier Pfirsiche?“, ☆

fragte Marco ☆ ein wenig unsicher.

Die Frau lachte.

„Ich kann ☆ euch höchstens ☆ eine Kiste verkaufen“, ☆ meinte sie

gutmütig. ☆ „Aber das ☆ ist viel leicht ☆

ein bisschen viel ☆ für euch.“

Die Kinder ☆ sahen sich ☆ enttäuscht an.

„Nun schaut nicht ☆ so niedergeschlagen!“, ☆

sagte die Frau ☆ und schenkte jedem ☆ einen be-

sonders ☆ schönen Pfirsich.

Voller Freude ☆ bedankten sich ☆ die Kinder. ☆

So süße ☆ und saftige Pfirsiche ☆

hatten sie ☆ schon lange ☆ nicht mehr gegessen.

„Wir müssen weiter“, ☆ trieb Marco ☆ die anderen an. ☆ „Viel Zeit ☆

haben wir ☆ nicht mehr.“

Der Markt ☆ wurde immer voller. ☆ Ständig fuhren ☆

neue Lastwagen heran, ☆ um Obst ☆ und Ge-

müse aufzunehmen.

Die Kinder kamen ☆ in der Menschenmenge ☆ kaum noch voran. ☆ Die Zeit verging ☆ und die vier ☆ wurden immer ungeduldiger.

„Wir schaffen ☆ es nicht, ☆ alle Wagen ☆ zu durchsuchen!“, ☆ jammerte Anna.

„Natürlich, ☆ du hast Recht“, ☆ stimmte Marco zu. ☆ „So hat es ☆ keinen Zweck. ☆ Ich glaube, ☆ es ist ☆ am besten, ☆ wir verständigen ☆ die Polizei. ☆ Dass wir nicht ☆ schon eher ☆ darauf gekommen sind.“

Bald hatten ☆ die vier ☆ eine Telefonzelle gefunden. ☆ Birgit ging hinein ☆ und rief ☆ bei der Polizei an. ☆ Nachdem sie ☆ erklärt hatte, ☆ was vorgefallen war, ☆ sagte der Beamte ☆ am anderen Ende ☆ der Leitung, ☆ die Kinder sollten ☆ neben der Zelle warten. ☆ In kurzer Zeit ☆ würden zwei Kollegen ☆ von ihm vorbeikommen.

Ungeduldig setzten sich ☆ die vier ☆ auf eine kleine Mauer. ☆ Die Zeit verging, ☆ aber die beiden Polizisten ☆ kamen nicht.

Die Kinder wurden ☆ immer unruhiger. ☆

Ständig schauten sie ☆ auf die Uhr.

Schon waren ☆ zehn Minuten vergan-

gen ☆ und von ☆ der Polizei ☆ war noch ☆

immer nichts ☆ zu sehen.

„Seht mal ☆ da drüben!“, ☆ sagte Anna ☆ und zeigte ☆ auf eine

Ansammlung ☆ von Menschen, ☆ die vor ☆ einem

hohen, ☆ gelben Lagerhaus standen ☆ und zum Dach

hinaufschauten.

Nun erkannten ☆ die Kinder Samson. ☆ Er turnte ☆

auf dem Dach ☆ des Hauses herum.

„Jetzt brauchen wir ☆ nicht mehr ☆ hier zu warten“, ☆ meinte Birgit. ☆
„Wenn die ☆ Polizisten kommen, ☆ sehen sie
ohnehin, ☆ was los ist.“

Die Kinder ☆ rannten hinüber ☆ zu der Men-
schenmenge.

Gerade kletterte ☆ der Affe ☆ auf eine Dach-
luke zu.

„Was ist, ☆ wenn Samson ☆ durch das Fenster ☆ im Haus ver-
schwindet?“, ☆ meinte Marco.

„Dann wird ihn ☆ einer der Arbeiter ☆ im La-
gerhaus festhalten ☆ und der
Polizei übergeben“, ☆ vermutete
Birgit.

„Vielleicht klettert er ☆ aber auch ☆ auf der
anderen Seite ☆ des Hauses ☆ wieder hinunter?“, ☆ führte Marco ☆
seinen Gedanken fort. ☆ „Das Lager-
haus hat ☆ auf der Rückseite ☆ keine Fenster ☆
und auch ☆ keine Tür. ☆ Wenn Samson sich ☆ dort hinun-
terhangelt, ☆ kommt er ☆ auf die Wil-

helmstraße ☆ und die ist ☆ vom Markt aus ☆ nur auf einem Umweg ☆ zu erreichen.“

„Stimmt!“, ☆ pflichtete Birgit ☆ ihm bei. ☆ „Wenn Samson ☆ an der Rückseite hinuntergeklettert, ☆ ist er ☆ außer Reichweite ☆ und sicher bald ☆ wieder verschwunden.“

„Das müssen ☆ wir verhindern!“, ☆ rief Anna eifrig. ☆ „Am besten ☆ laufen wir sofort ☆ in die Wilhelmstraße.“

Die Kinder ☆ suchten sich ☆ einen Weg ☆ durch die Menschenmenge ☆ und liefen ☆ dann los.

Es dauerte ☆ eine ganze Weile, ☆ bis sie ☆ die Wilhelmstraße ☆ erreicht hatten.

Schon von weitem ☆ sahen sie Samson ☆ an der Außenmauer ☆ des Lagerhauses. ☆ Eilig ließ ☆ er sich ☆ an der Dachrinne ☆ auf den Bürgersteig hinunter.

Unten angelangt, ☆ sprang er ☆ über die Straße ☆ auf ein Geschäft zu. ☆ Vor dem Laden ☆ waren einige Kisten ☆ mit Obst aufgestapelt. ☆ Samson griff sich ☆ eine Banane ☆ und verkroch ☆ sich dann ☆ in eine leere Kiste.

In diesem Moment ☆ traten ein Mann ☆ und eine Frau ☆ mit einem Kinderwagen ☆ aus dem Neben-

haus heraus. ☆ Vor dem Geschäft ☆ blieben sie stehen. ☆ Die Frau ließ ☆ den Kinderwagen los ☆ und wandte sich ☆ dem Obst zu. ☆ Sie bück te sich ☆ und be fühl te ☆ eine Birne.

Ohne dass ☆ die Frau ☆ es be merk te, ☆ nahm in - des sen ☆ hinter ihrem Rücken ☆ der Mann ☆ das Kind ☆ aus dem Wagen ☆ und ging ☆ mit ihm ☆ in das Ge schäft hinein.

Marco, Birgit, ☆ Anna und Holger ☆ kamen immer näher.

Plötz lich krab bel te Samson ☆ aus seiner Kiste hervor. ☆ Mit einem Satz ☆ ver schwand er ☆ in dem Kin der wa gen.

Die Frau, ☆ die nichts davon ☆ be merkt hatte, ☆ rich - te te sich ☆ wieder auf, ☆ griff nach ☆ dem Wagen ☆ und schob ihn ☆ ein Stück weiter.

Jetzt fiel ☆ ihr Blick ☆ in den Kin der wa gen.

„Hilfe, Hilfe!“, ☆ kreisch te sie. ☆ „Mein Kind, ☆ was ist ☆ mit meinem Kind? ☆ Es sieht ☆ auf einmal ☆ so schwarz ☆ und schrum pe lig aus.“

Sofort stürzte ☆ ihr Mann ☆ aus dem Geschäft heraus ☆ und fragte, ☆ was los sei.

Als die Frau ☆ ihr Kind ☆ auf den Armen ☆ des Mannes sah, ☆ brach sie ☆ vor Erleichterung ☆ in Tränen aus. ☆ Ihr Mann ☆ tröstete sie.

Auf einmal ☆ stürmte jemand ☆ aus einem Hauseingang hervor. ☆ Blitzschnell schnappte ☆ er sich ☆ den Kinderwagen ☆ und schob ☆ ihn hastig ☆ um die nächste Ecke.

Marco, Birgit, ☆ Anna und Holger, ☆ die das Geschäft ☆ gerade erreicht hatten, ☆ schauten verblüfft ☆ hinter dem Dieb her.

„Das war ☆ doch einer ☆ von den beiden Männern, ☆ die Samson fangen ☆ und verkaufen wollen!“, ☆ rief Birgit. ☆ „Los, wir müssen ☆ ihm nach!“

Tatsächlich war es ☆ der große Blonde, ☆ der wieder einmal ☆ dieselbe Idee ☆ wie die Kinder ☆ gehabt hatte. ☆ Diesmal war er ☆ ihnen zuvorgekommen.

Die Kinder liefen ☆ um die Ecke. ☆ Doch von ☆ dem Mann ☆ war nichts mehr ☆ zu sehen. ☆ Ein kurzes ☆ Stück weiter ☆ bog eine Straße ab. ☆ Aber auch dort ☆ war der Mann ☆ nicht zu finden.

„Wahrscheinlich war ☆ in einem der Häuser ☆ die Tür offen ☆ und da ☆ ist er ☆ dann hineingegangen“, ☆ vermutete Birgit.

„Fragt sich nur, ☆ in welches Haus ☆ er sich ☆ verdrückt hat“, ☆ fügte Marco hinzu.

Inzwischen war auch ☆ der Mann herangekommen, ☆ dem der Kinderwagen gehörte.

„Habt ihr gesehen, ☆ wo der Kerl ☆ hingelaufen ist?“, ☆ wollte der Mann ☆ von den Kindern wissen.

„Nein“, ☆ antwortete Marco. ☆ „Aber er muss ☆ noch ganz ☆ in der Nähe sein.“

„Was mag ☆ er nur ☆ mit dem Kinderwagen wollen?“, ☆ fragte sich ☆ der Mann verwundert.

Schnell er zähl te ☆ ihm Birgit ☆ von Samson ☆ und den beiden Gau nern, ☆ die ihn ☆ verkaufen wollten.

„Da ver stän di gen wir ☆ am besten sofort ☆ die Po li zei“, ☆ schlug der Mann vor. ☆ „Die kann dann ☆ die Häuser durch su chen.“

„Ach du meine Güte, ☆ die Po li zei“, ☆ rief Birgit. ☆ „Die haben ☆ wir ja ☆ ganz ver ges sen.“

Kaum war ☆ der Mann ☆ zu dem Ge schäft zu - rück ge gan gen, ☆ um von ☆ dort aus ☆ mit der Po li zei ☆ zu te le fo nie - ren, ☆ als plötz lich ☆ hinter den Kindern ☆ ein Auto he ran ras te.

Mit einem ☆ schnellen Sprung ☆ mussten sich ☆ die Kinder ☆ in Si cher heit bringen.

Gerade wollte ☆ Holger anfangen ☆ zu schimp fen, ☆ da blieb ihm ☆ vor Stau nen ☆ der Mund ☆ offen stehen.

Aus einem Haus ein gang ☆ schoss der Blonde hervor. ☆ Samson hielt er ☆ auf dem Arm. ☆ Als das Auto ☆ auf gleicher Höhe ☆ mit ihm war, ☆ stopp te es.

Blitzschnell riss ☆ der Blonde ☆ die Tür ☆ des Wagens auf ☆ und ließ sich ☆ auf den Nebensitz fallen. ☆ Sogleich fuhr ☆ der Wagen weiter. ☆ Bevor er ☆ um die nächste ☆ Ecke bog, ☆ schaute sich ☆ der Fahrer ☆ einen Augen-blick um.

„Das ist doch ☆ der kleine Dünne!", ☆ rief Holger.

„Also haben ☆ die beiden ☆ doch ein Auto geklaut", ☆ meinte Marco. ☆ „Wahrscheinlich haben ☆ sie es hier ☆ in der Nähe abgestellt ☆ und als ☆ sie es ☆ noch einmal ☆ gebrauchen konnten, ☆ hat der kleine Dünne ☆ es wieder geholt."

„So ein Mist", ☆ jammerte Anna. ☆ „Was machen ☆ wir jetzt?"

„Die beiden ☆ waren eben ☆ schlauer und schneller ☆ als wir", ☆ brummte Marco ärgerlich. ☆ „Jetzt sind ☆ sie weg. ☆ Da kann ☆ man nichts ☆ mehr machen."

Enttäuscht gingen ☆ die vier ☆ zu dem Geschäft zurück. ☆ Gemeinsam mit dem Mann ☆ und der Frau ☆ warteten sie dort ☆ auf die Polizei.

Bald fuhr ☆ ein Streifenwagen ☆ mit zwei Po-
lizisten vor.

Die Kinder ☆ erzählten ihnen, ☆ was ge-
schehen war. ☆ Aber die beiden Beamten ☆
wussten auch nicht, ☆ was man ☆ tun konnte, ☆ um die beiden Gauner ☆
zu erwischen. ☆ Lediglich den
Kinderwagen ☆ fanden sie ☆ in einem
Hauseingang.

Bevor die zwei ☆ Polizisten abfuhren, ☆ versprachen sie noch, ☆ ihre Kollegen ☆ über Funk ☆ zu verständigen. ☆ Sie hatten aber ☆ wenig Hoffnung, ☆ dass die Gauner ☆ der Polizei ☆ in die Arme ☆ laufen würden.

Die Kinder ☆ machten sich wieder ☆ auf den Weg ☆ nach Hause.

„Ich glaube nicht, ☆ dass die Polizei ☆ die beiden ☆ fassen wird“, ☆ meinte Marco.

Die anderen waren ☆ der gleichen Meinung. ☆ Schweigend gingen ☆ die Kinder weiter.

Plötzlich blieb ☆ Birgit stehen.

„Da lag irgendwas ☆ Besonderes rum“, ☆ sagte sie nachdenklich.

„Was lag ☆ wo rum?“, ☆ wollte Holger wissen.

„Na da ☆ hinter dem ☆ alten Haus, ☆ wo die beiden Männer ☆ ihr Bier ☆ getrunken haben“, ☆ erwiderte Birgit. ☆ „Als wir ☆ dort waren, ☆ ist mir ☆ etwas aufgefallen. ☆ Es war nur ☆ eine Kleinigkeit. ☆ Aber vielleicht ☆ ist es ☆ ein Hinweis darauf, ☆ wo die Männer ☆ sich jetzt ☆ aufhalten könnten.“

„Ja was war ☆ es denn?“, ☆ fragte Anna ungeduldig.

„Das ist es ☆ ja gerade“, ☆ gab ihre Schwester zurück. ☆ „Ich habe ☆ es vergessen.“

„Denk doch nach! ☆ Denk doch nach!“, ☆ riefen die drei anderen ☆ ganz aufgeregt.

„Ich versuche ☆ es ja“, ☆ versicherte Birgit. ☆ „Aber es fällt ☆ mir einfach ☆ nicht mehr ein.“

Die vier ☆ gingen weiter. ☆ Jeder grübelte ☆ darüber nach, ☆ was hinter ☆ dem alten Haus ☆ herumgelegen haben könnte.

Nach einiger Zeit ☆ fiel Birgits Blick ☆ auf eine Frau, ☆ die gerade ☆ auf der anderen ☆ Straßenseite vorbeiging. ☆ In der Hand ☆ trug sie ☆ eine Tasche ☆ mit einigen ☆ Köpfen Salat.

„Jetzt entsinne ☆ ich mich wieder“, ☆ rief Birgit. ☆ „Hinter dem Haus ☆ lag eine Tüte ☆ und da stand ☆ was drauf.“

„Ja und was?“, ☆ fragte Holger gespannt.

„Es stand ☆ ‚Salat‘ drauf“, ☆ antwortete Birgit. ☆ „Es war ☆ so eine Tüte, ☆ in der Samen ☆ verkauft wird.“

„Also Samen, ☆ um Salat ☆ zu säen“, ☆ meinte Anna. ☆ „Und was haben ☆ wir davon, ☆ dass wir ☆ das jetzt wissen?“

„Wer eine Tüte ☆ mit Samen ☆ mit sich herumträgt, ☆ hat wahrscheinlich ☆ einen Garten“, ☆ schaltete Marco ☆ sich nun ein.

„Das heißt“, ☆ fuhr Birgit fort, ☆ „die beiden sind ☆ irgendwo anzutreffen, ☆ wo es ☆ einen Garten gibt.“

„Ach du meine Güte“, ☆ sagte Holger. ☆ „Da können wir ☆ lange suchen. ☆ Gärten gibt ☆ es hier ☆ doch Hunderte.“

„Aber nicht viele, ☆ in denen ☆ Gemüse angebaut wird“, ☆ warf Marco ein. ☆ „Salatbeete gibt ☆ es hauptsächlich ☆ in dem großen Gartengelände ☆ in der Vorstadt. ☆ Dort sind auch ☆ eine Menge Holzhäuschen, ☆ die sich gut ☆ als Versteck eignen.“

„Kann sein, ☆ dass die Männer ☆ dort sind“, ☆ meinte Holger zweifelnd. ☆ „Aber sie ☆ können genauso gut ☆ woanders sein.“

„Das Gartengelände ☆ ist unsere ☆ einzige Hoffnung“, ☆ meinte Birgit. ☆ „Warum sollen wir ☆ es dort ☆ nicht versuchen? ☆ Wir haben ☆ doch nichts ☆ zu verlieren. ☆ Wenn die beiden Männer ☆ und Samson ☆ dort nicht sind, ☆ haben wir ☆ eben Pech gehabt.“

„Also los!“, ☆ schlug Marco vor. ☆ „Auf zum Gartengelände. ☆ Ich weiß ☆ eine Abkürzung. ☆ Da dauert ☆ es nicht ☆ so lange.“

„Sollen wir ☆ nicht erst ☆ die Polizei verständigen?“, ☆ fragte Anna ☆ ein wenig ängstlich.

„Die lachen ☆ uns doch ☆ nur aus, ☆ wenn wir ihnen ☆ die Sache ☆ mit der Tüte erzählen“, meinte Marco. ☆ „Wenn wir ☆

die beiden Gauner ☆ gefunden haben, ☆ können wir ☆ ja immer ☆ noch anrufen.“

An der nächsten Kreuzung ☆ bogen die Kinder ☆ in Richtung ☆ auf das Gartengelände ab.

Bald erreichten sie ☆ einen schmalen Pfad. ☆ Das war ☆ die Abkürzung, von der Marco ☆ gesprochen hatte. ☆ Der Weg führte ☆ unter Bäumen ☆ und Sträuchern hindurch ☆ an einem Bach entlang.

Am Ende ☆ des Pfades ☆ wollten die vier ☆ gerade in ☆ eine Gasse einbiegen, ☆ als Marco ☆ seine Freunde ☆ plötzlich zurückhielt.

„Seht euch mal ☆ das Auto ☆ da drüben an“, ☆ flüsterte er ☆ ganz auf ge regt.

Neu gie rig schob ☆ einer nach ☆ dem anderen ☆ seinen Kopf ☆ um die Ecke.

Es war ☆ der Wagen, ☆ den die beiden Männer ☆ ge stoh - len hatten. ☆ Gerade stieg ☆ der kleine Dünne aus ☆ und knall te ☆ die Tür zu. ☆ Von dem Blonden ☆ und Samson ☆ war jedoch ☆ nichts zu sehen.

„Wahr schein lich stellt er ☆ das Auto ☆ bloß hier ab ☆ und geht dann ☆ zu Fuß dort hin, ☆ wo der andere Mann ist“, ☆ meinte Birgit.

„Das ist bestimmt ☆ etwas ent fernt ☆ von hier“, ☆ ver - mu te te Marco. ☆ „Die beiden ☆ werden sich ☆ nicht gerade ☆ dadurch ver ra ten wollen, ☆ dass sie ☆ ein ge stoh le nes Auto ☆ vor ihrem Ver - steck ab stel len.“

„Ach tung!“, ☆ rief Holger. ☆ „Er kommt ☆ auf uns zu!“

Schnell krochen ☆ die Kinder ☆ hinter einen Strauch, ☆ um sich ☆ zu verstecken.

Der Mann ☆ näherte sich. ☆ Als er ☆ an dem Pfad vorbeikam, ☆ schaute er sich ☆ misstrauisch um. ☆ Sein Blilck fiel ☆ auf das Gebüsch, ☆ hinter dem ☆ die Kinder ☆ verborgen waren.

Einen Augenblick ☆ verharrte er ☆ und es schien, ☆ als ob er ☆ in den Weg ☆ einbiegen wollte. ☆ Doch dann ☆ ging er ☆ eilig weiter. ☆ Die Kinder ☆ hatte er ☆ zum Glück ☆ nicht bemerkt.

„Wir müssen ☆ hinter ihm herschleichen!“, ☆ sagte Marco. ☆ „Sonst verlieren ☆ wir ihn wieder ☆ aus den Augen.“

„Und wenn ☆ er sich umdreht ☆ und uns sieht?“, ☆ fragte Holger.

„Dann müssen ☆ wir uns eben ☆ schnell verstecken“, ☆ erwiderte Birgit.

„Das dauert ☆ viel zu lange, ☆ bis wir ☆ alle vier ☆ in Deckung ☆ gegangen sind“, ☆ gab Anna ☆ zu bedenken.

„Anna hat Recht“, ☆ stimmte Marco zu. ☆ „Es kann ☆ nur einer ☆ von uns ☆ die Verfolgung aufnehmen. ☆ Einer alleine ☆ kann es schaffen, ☆ sich schnell genug ☆ zu verbergen.“

„Am besten ☆ ist es, ☆ wenn du gehst“, ☆ sagte Birgit. ☆ „Du bist ☆ am schnellsten ☆ von uns vieren.“

Das ließ ☆ sich Marco ☆ nicht zweimal sagen.

„Ich gebe euch ☆ an jeder Ecke ☆ ein Zeichen, ☆ dann könnt ihr ☆ immer nachkommen“, ☆ rief er ☆ und flitzte ☆ hinter dem Gauner her.

Der kleine ☆ dünne Mann ging ☆ die Straße entlang, ☆ ohne sich um zu se hen. ☆ Jetzt bog er ☆ in die nächste Straße ein.

Marco folgte ihm. ☆ Zuvor wink te ☆ er noch ☆ den drei anderen zu.

Schnell liefen ☆ Anna, Holger ☆ und Birgit dort hin, ☆ wo der Mann ☆ und Marco ☆ ver schwun den waren.

Vor sich tig lug ten ☆ die drei ☆ um die Ecke. ☆ Sie sahen ☆ ihren Freund ☆ und ein ganzes Stück ☆ vor ihm ☆ den Gauner.

Mit großen Schritten has te te ☆ der kleine Dünne voran.

Jetzt schaute ☆ er sich um.

Blitz schnell ver schwand Marco ☆ in einem Haus ein gang.

Hatte der Mann ☆ ihn gesehen?

Nein, ☆ er ging weiter, ☆ ohne sich ☆ um seinen Ver fol - ger ☆ zu küm mern.

Wieder bog er ☆ um eine Ecke.

Marco rannte ☆ so schnell ☆ er konnte hinterher.

So ging ☆ die Verfolgung weiter, ☆ bis der Mann ☆ am Gartengelände anlangte.

Birgits Schlussfolgerungen ☆ waren also ☆ doch richtig.

Das Gelände ☆ bestand aus vielen ☆ kleinen Gärten. ☆ Die meisten waren ☆ mit einer dichten ☆ Hecke umgeben ☆ und in fast allen ☆ stand ein Holzhäuschen.

Der kleine ☆ dünne Mann ☆ strebte auf ☆ einen der Wege zu, ☆ die durch ☆ das Gelände führten.

Marco versteckte sich ☆ hinter einem Baum, ☆ um abzuwarten, ☆ was geschehen würde. ☆ Von seinem Standpunkt aus ☆ hatte er ☆ einen guten Überblick. ☆ Denn die Hecken ☆ in dem Gartengelände ☆ waren so niedrig, ☆ dass man alles ☆ gut im Auge ☆ behalten konnte.

Der Gauner ☆ wandte sich nun ☆ nach links. ☆ Allem Anschein nach ☆ war sein Ziel ☆ ein Gartenhäuschen, ☆ das ein Stück ☆ abseits von ☆ den anderen lag.

Nun fanden sich ☆ auch Birgit, ☆ Anna und Holger ☆ an dem Baum ein, ☆ wo sich ☆ Marco verborgen hielt. ☆ Gespannt beobachteten ☆ alle vier ☆ jeden Schritt ☆ des kleinen ☆ dünnen Mannes.

Das abseits ☆ gelegene Gartenhaus ☆ hatte er ☆ gerade erreicht. ☆ Er schaute ☆ sich um ☆ und ging ☆ dann hinein.

„Wir müssen ☆ uns anschleichen“, ☆ sagte Holger. ☆ „Damit die Burschen ☆ uns nicht ☆ sehen können.“

Geduckt liefen ☆ die Kinder ☆ auf das Gartenhäuschen zu, ☆ Marco als Erster, ☆ kurz darauf Birgit ☆ und Holger. ☆ Anna folgte ☆ in einigem Abstand.

An diesem Vormittag ☆ hielt sich ☆ kein Mensch ☆ im Gartengelände auf. ☆ Und so mussten ☆ die Kinder ☆ niemandem erklären, ☆ was sie denn ☆ da machten.

Bald waren ☆ Marco, Holger ☆ und Birgit ☆ an dem Haus an-
gelangt, ☆ in dem ☆ der kleine ☆ dünne Mann ☆ ver-
schwunden war.

Vorsichtig verbargen ☆ sich
die drei ☆ hinter einer Hecke. ☆ Marco bog ☆ ein paar Äste ☆ zur
Seite ☆ und warf ☆ einen Blick ☆ auf das Häuschen.

„Die Tür ☆ steht offen“, ☆ flüsterte er.

Plötzlich wurden ☆ die drei Kinder ☆ von hinten gepackt. ☆
Zwei Männer ☆ hielten sie ☆ so fest, ☆ dass sie sich ☆ nicht mehr ☆
rühren konnten.

Einer der Burschen, ☆ es war ☆ der große Blonde, ☆ sagte voller Wut: ☆ „Haben wir euch ☆ endlich erwischt, ☆ ihr verdammten Gören!“

„Hilfe, Hilfe!“, ☆ schrie Marco ☆ so laut ☆ er konnte.

„Du brauchst ☆ gar nicht ☆ so zu brüllen“, ☆ spottete der ☆ kleine Dünne. ☆ „Hier ist niemand, ☆ der dich ☆ hören könnte.“

Birgit und Holger ☆ wussten genau, ☆ warum Marco ☆ so laut schrie: ☆ Er wollte ☆ Anna warnen.

Die beiden Männer ☆ hatten sie ☆ noch nicht entdeckt. ☆ Sie wussten ☆ wohl gar nicht, ☆ dass die Kinder ☆ zu viert waren. ☆ Offenbar hatten sie ☆ Anna bisher ☆ überhaupt noch nicht gesehen, ☆ weder im Park, ☆ als die Kinder ☆ mit Rollo ☆ hinter Samson ☆ her waren, ☆ noch vor dem Geschäft, ☆ als der Blonde ☆ den Kinderwagen ☆ ge-stohlen hatte.

„Sollen wir ☆ die Gören ☆ ins Haus bringen?“, ☆ fragte der kleine Dünne ☆ seinen Freund.

„Na klar“, ☆ antwortete der Blonde. ☆ „Dort findet sie ☆ bestimmt niemand.“

Rücksichtslos zerrten ☆ die beiden Männer ☆ die drei Kinder ☆ ins Gartenhaus.

„Am besten ☆ stecken wir sie ☆ ins Nebenzim-mer ☆ zu dem Affen“, ☆ knurrte der Blonde.

Einen Spaltbreit ☆ öffnete er ☆ die Tür ☆ zu einem düsteren Raum ☆ und stieß ☆ die Kinder ☆ mit einem Fluch hinein.

In dem Zimmer standen ☆ ein alter, wackeliger Tisch ☆ und meh-rere Stühle. ☆ Überall lagen ☆ Kisten und ☆ al-lerlei Gerümpel herum.

Auf den Resten ☆ eines alten Sofas ☆ saß Samson. ☆ Zur Be-grüßung ☆ tippte er sich ☆ mit dem Zeigefin-ger ☆ auf die Stirn.

Birgit schloss ☆ den Affen, ☆ den sie ☆ so lange ☆ gesucht hatten, ☆ voller Freude ☆ in die Arme.

„Hoffentlich ruft ☆ Anna sofort ☆ die Poli-zei an“, ☆ sagte Marco leise. ☆ „Dann wird ☆ es nicht ☆ lange dauern, ☆ bis wir ☆ hier wieder ☆ draußen sind.“

In diesem Augenblick ☆ hielt vor ☆ dem Gar-
tenhaus ☆ ein Auto. ☆ Kurz darauf ☆ trat ein Mann ein.

Die Kinder ☆ hörten ihn ☆ mit den beiden ☆ Gaunern sprechen. ☆
Dann wurde ☆ die Tür ☆ zu dem Zimmer, ☆ in dem ☆ die drei ☆
waren, ☆ einen Spaltbreit geöffnet.

Jemand streckte ☆ seinen Kopf herein ☆ und warf ☆
einen Blick ☆ auf Samson. ☆ Gleich darauf ☆ wurde die Tür ☆ wieder
geschlossen.

„Das ist bestimmt ☆ der Händler, ☆ an den ☆ der Blonde ☆ und der
Dünne ☆ Samson verkaufen wollen“, ☆ meinte Marco.

Um zu hören, ☆ was die Männer redeten, ☆
ging Birgit ☆ zur Tür ☆ und legte ☆ ihr Ohr ☆ ans Schlüs-
selloch.

„So viel ist ☆ der Affe ☆ auf keinen Fall wert“, ☆ sagte der
Tierhändler gerade.

„Der ist mindestens ☆ das Doppelte wert“, ☆ wi-
dersprach der Blonde.

„Das glaubst du ☆ doch selber nicht“, ☆ gab der Händler zurück.

„Wenn du ☆ in bar bezahlst“, ☆ ließ sich nun ☆ der kleine Dünne vernehmen, ☆ „dann gehen wir ☆ mit dem Preis ☆ etwas herunter.“

„Natürlich zahle ich ☆ in bar“, ☆ knurrte der Händler. ☆ „Und dann ☆ schaffe ich ☆ den Affen ☆ sofort ins Ausland.“

Birgit wandte ☆ sich wieder ☆ vom Schlüsselloch ab ☆ und berichtete flüsternd, ☆ was sie ☆ gehört hatte.

„Wenn nicht bald ☆ die Polizei ☆ da ist, ☆ wird man Samson ☆ nie wieder finden“, ☆ sagte Marco düster.

„Schnell!“, ☆ drängte Birgit. ☆ „Wir müssen ☆ die Wände absuchen. ☆ Vielleicht gibt es ☆ eine Möglichkeit, ☆ hier herauszukommen.“

Marco rüttelte ☆ an den Gittern, ☆ die an den Fenstern ☆ angebracht waren. ☆ Aber sie ☆ ließen sich ☆ keinen Millimeter bewegen.

Jeder nahm ☆ sich eine ☆ der Außenwände vor. ☆ Fieberhaft tasteten ☆ die Kinder ☆ Meter für ☆ Meter ab.

Birgit horchte ☆ noch einmal ☆ am Schlüsselloch.

„Also gut“, ☆ hörte sie ☆ den Blonden sagen. ☆ „Ein bisschen ☆ gehen wir ☆ noch herunter ☆ mit dem Preis. ☆ Aber nur, ☆ weil du ☆ es bist.“

„Sie sind sich ☆ gleich einig“, ☆ zischte Birgit ☆ den anderen zu. ☆ „Wenn wir ☆ nicht bald ☆ ein Loch ☆ oder so etwas finden, ☆ ist Samson verloren.“

Noch hastiger ☆ suchten die Kinder ☆ die Wände ab. ☆ Aber so sehr ☆ sie sich ☆ auch müh ten, ☆ es fand sich ☆ kein Schlupf loch.

Wieder horchte Birgit ☆ an der Tür.

„Ein ver stan den“, ☆ sagte jetzt ☆ der Händler. ☆ „Für den Preis ☆ nehme ich ihn.“

„Jetzt sind sie ☆ sich einig“, ☆ flüsterte Birgit.

„Ich habe ☆ etwas gefunden“, ☆ rief Marco leise ☆ und seine Stimme zit ter te ☆ ein wenig dabei. ☆ „Hier ist ☆ ein Loch, ☆ das mit einem ☆ Stück Blech ☆ ver schlos sen ist.“

Schnell kamen ☆ die beiden anderen herbei.

„Aber das Loch ☆ ist doch ☆ viel zu klein“, ☆ meinte Holger ent - täuscht. ☆ „Da kommen wir ☆ doch nie durch.“

„Wir nicht“, ☆ sagte sein Freund. ☆ „Aber Samson. ☆ Wir lassen ihn ☆ einfach frei. ☆ Das ist ☆ immer noch besser, ☆ als wenn er ☆ verkauft wird.“

Das Blech ☆ war mit vier Holz schrau ben ☆ an der Wand befestigt.

Augenblicklich holten ☆ die beiden Jungen ☆ ihre Taschenmesser hervor ☆ und machten ☆ sich daran, ☆ die Schrauben herauszudrehen.

In der Zwischenzeit ☆ ging Birgit ☆ wieder zur Tür, ☆ um zu horchen.

„Also her ☆ mit dem Zaster!“, ☆ sagte der Blonde gerade.

Papierscheine knisterten.

„Schneller!“, ☆ trieb Birgit ☆ die beiden Jungen an. ☆ „Sie zählen schon ☆ das Geld ab.“

„Zwei Schrauben ☆ haben wir draußen“, ☆ keuchte Marco.

Jetzt hörte man, ☆ wie im Nebenzimmer ☆ einer der Männer ☆ auf die Tür zu kam. ☆ Der Schlüssel ☆ wurde herumgedreht.

Hilflos starrten ☆ die Kinder ☆ zur Tür.

Doch der Schlüssel ☆ wurde wieder herausgezo-gen ☆ und der Mann ☆ entfernte sich.

„Vielleicht haben sie ☆ etwas verges-sen“, ☆ stöhnte Birgit. ☆ „Macht weiter ☆ mit dem Blech! ☆ Schnell, schnell!“

Mit bebenden Händen ☆ drehten Holger ☆ und Marco ☆ an den beiden ☆ restlichen Schrau-ben.

Wieder hörte ☆ man Schritte ☆ auf die Tür zukommen ☆ und jemand ☆ drehte erneut ☆ den Schlüssel herum.

In diesem Augenblick ☆ hatten die beiden Jungen ☆ die Schrauben gelockert. ☆ Das Blech ☆ fiel zu Boden.

Rasch nahm Birgit ☆ den Affen ☆ und schubste ihn ☆ durch die Öffnung.

Die Tür ☆ ging auf ☆ und der Blonde ☆ trat ein.

„Wo ist ☆ der Affe?“, ☆ fragte er barsch.

„Was für ☆ ein Affe?“, ☆ erkundigte sich Marco ☆ mit einem harmlosen Gesicht.

„Willst du mich ☆ auf den Arm nehmen?“, ☆ brüllte der Mann.

„Nö, ☆ dafür wären ☆ Sie mir ☆ viel zu schwer“, ☆ antwor-
tete Marco.

„Du verdammter Bengel“, ☆ schrie der Blonde. ☆
„Du sagst ☆ mir sofort, ☆ wo ihr ☆ den Affen ☆ versteckt habt ☆ oder ich ☆ hau’ dir ☆ ein paar ☆ hinter die Löf-
fel!“

In diesem Moment ☆ hörte man ☆ vor dem Haus ☆ ein Auto halten, ☆ gleich darauf ☆ noch eins ☆ und dann ☆ auch noch ☆ ein drittes.

„Verdammt, die Bullen!“, kreischte
der kleine Dünne ☆ im Nebenzimmer.

„Achtung, Achtung! ☆ Hier spricht ☆ die Po-
lizei“, ☆ hörte man nun ☆ eine Stimme. ☆ „Das Haus ☆ ist
umstellt! ☆ Geben Sie auf ☆ und kommen Sie ☆ mit er-
hobenen Händen heraus!“

Erleichtert atmeten ☆ die Kinder
auf. ☆ Anna hatte also ☆ Marcos Hilferufe
gehört ☆ und die Polizei gerufen.

Die Männer ☆ blickten sich ☆ gegensei-
tig an, ☆ zuckten mit ☆ den Schul-
tern ☆ und dann ☆ ging einer ☆ nach dem anderen ☆ nach
draußen.

Alle drei ☆ wurden von ☆ der Polizei abge-
führt.

Langsam gingen ☆ die Kinder ☆ ebenfalls hinaus.

„Das war ☆ aber nicht ☆ ganz ungefährlich, ☆
was ihr ☆ da gemacht habt“, ☆ sagte einer ☆ der Polizisten ☆ zu
ihnen.

Etwas be schämt ☆ schauten die drei Kinder ☆ zu Boden.

„Haupt sa che ☆ die Kerle haben ☆ den Affen ☆ nicht er wischt“, ☆ mur mel te Marco.

„Oje“, ☆ rief Birgit. ☆ „Wir müssen ☆ Samson suchen!“

„Und Anna ☆ ist auch ☆ nicht da“, ☆ fügte Holger hinzu.

Zusammen mit ☆ den Po li zis ten ☆ schauten sich ☆ die Kinder ☆ überall um. ☆ Sie brauchten jedoch ☆ nicht lange ☆ zu suchen. ☆ Ganz in der Nähe ☆ fanden sie Anna ☆ vor einer Te-le fon zel le.

Die Tür ☆ hielt sie zu. ☆ Denn drinnen ☆ saß Samson. ☆ Wieder einmal ☆ tipp te er sich ☆ mit dem Finger ☆ an die Stirn.

„Nachdem ich ☆ an ge ru fen hatte“, ☆ sagte Anna, ☆ „ist Samson ☆ auf einmal ☆ auf mich zu ge-sprun gen. ☆ Und da ☆ habe ich ihn ☆ in die Te le-fon zel le ge steckt, ☆ damit er nicht ☆ wieder abhaut.“

Würfelspiel

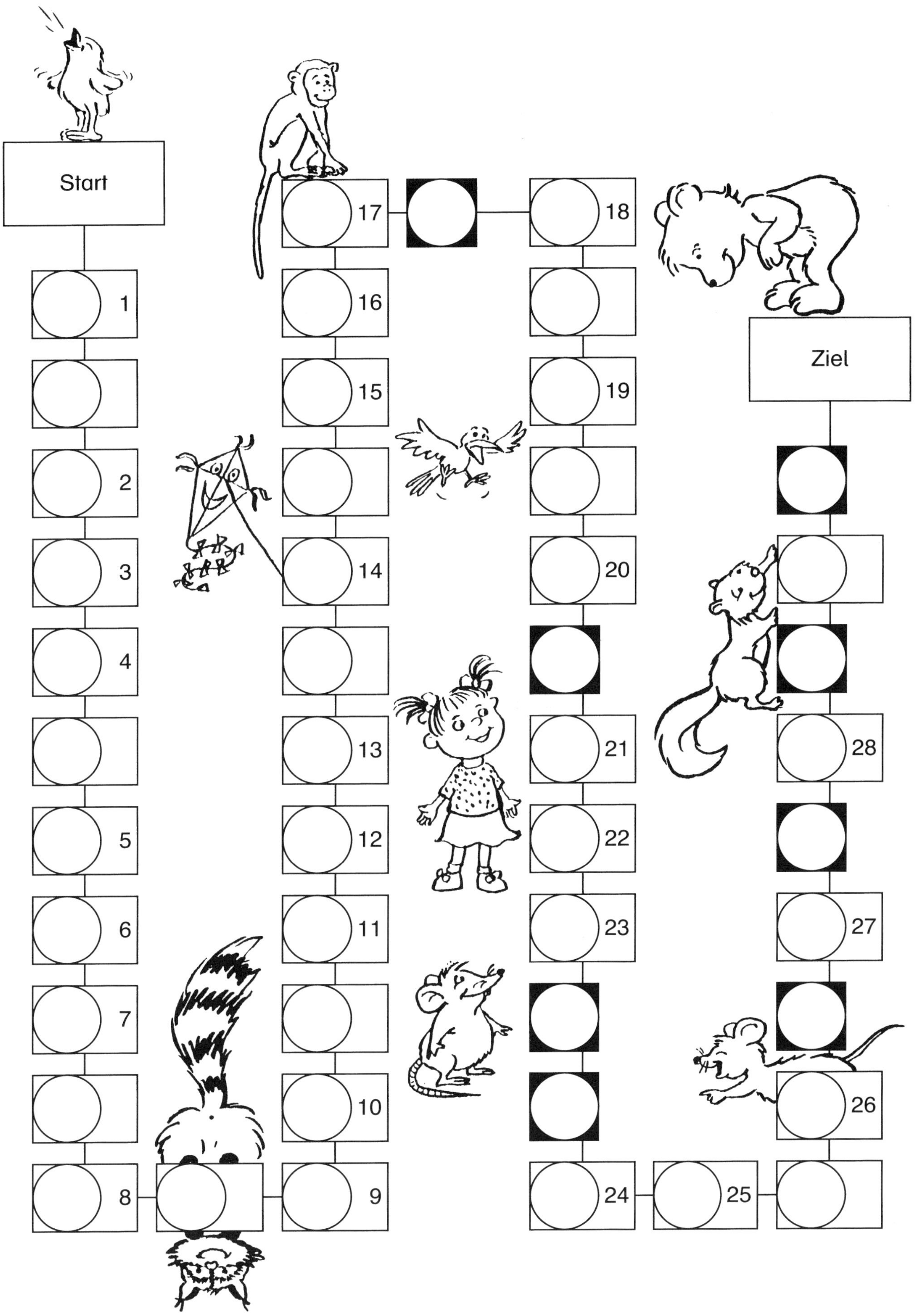

Wie geht es nun weiter?

Um die Leseflüssigkeit noch weiter zu verbessern, sollte weiterhin geübt werden. Ziel ist es, den Schüler in die Lage zu versetzen, Texte ohne große Mühe zu lesen. Erst dann wird er auch freiwillig zu einem Buch greifen.
Kinder sollten in ihrer Freizeit möglichst viel lesen. Das ist aus vielen Gründen nützlich: Das Wissen wird erweitert, die mündliche und schriftliche Ausdrucksfähigkeit entwickelt sich, das grammatikalische Können nimmt zu und langfristig verbessert sich auch die Rechtschreibung.

Hier ein paar Hinweise, wie Sie Ihr Kind an das außerschulische Lesen heranführen können:

➤ Lassen Sie es jeden Tag etwa 10 Minuten aus einem Kinderbuch laut vorlesen. Gehen Sie dabei genauso vor, wie bei der Geschichte in diesem Programm.

➤ Wählen Sie ein Kinderbuch aus, in dem keine übermäßig langen und schwierigen Wörter vorkommen. Wenn dem Schüler die Geschichte im vorliegenden Programm gefallen hat, können Sie auf ein weiteres Buch mit den vier Kindern zurückgreifen. Es heißt: **Die Spur führt auf eine Insel. Neue Abenteuer mit Marco, Birgit, Holger und Anna.** In dem Text sind die Buchstabenabstände größer gehalten, als es sonst üblich ist. Auf diese Weise können bei Bedarf mit einem Bleistift Lesehilfen eingezeichnet werden.

➤ In der Reihe **„Flüssig lesen lernen“** gibt es noch weitere Hefte. Je nachdem, wie weit der Schüler mit dem Lesen schon gekommen ist, kann es auch hilfreich sein, das nächste Heft (für die Klassenstufe 4/5) durchzuarbeiten.

➤ Wenn der Schüler in Silben flüssig lesen kann, geht er allmählich zum „normalen“ Lesen über. In einem Übergangsstadium liest er dann nur noch besonders schwierige Wörter in Silben.

➤ Zum leisen Lesen geht der Schüler über, wenn er seine Lesefähigkeit so weit gesteigert hat, dass er, ohne viele Fehler zu machen, Texte einigermaßen schnell entziffern kann. Wenn dieses Stadium erreicht ist, sollte er – ebenfalls etwa 10 Minuten pro Tag – still für sich lesen und Sie lassen sich später den Inhalt des Textes erzählen.

➤ Hat der Schüler Spaß am Lesen gefunden, brauchen Sie ihn die Inhalte nicht mehr erzählen zu lassen.